Heureux encore doit s'estimer le compositeur
quand le chef d'orchestre entre les mains duquel il est tombé
n'est pas à la fois incapable et malveillant;
car rien ne peut résister à la pernicieuse influence de celui-ci.

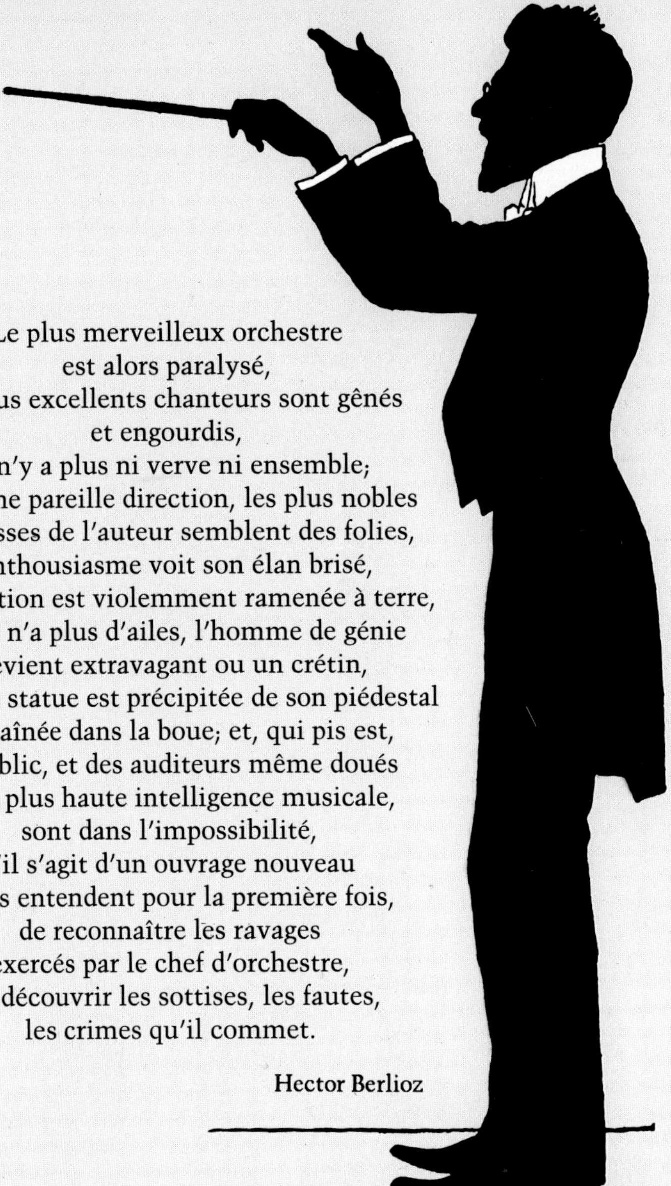

Le plus merveilleux orchestre
est alors paralysé,
les plus excellents chanteurs sont gênés
et engourdis,
il n'y a plus ni verve ni ensemble;
sous une pareille direction, les plus nobles
hardiesses de l'auteur semblent des folies,
l'enthousiasme voit son élan brisé,
l'inspiration est violemment ramenée à terre,
l'ange n'a plus d'ailes, l'homme de génie
devient extravagant ou un crétin,
la divine statue est précipitée de son piédestal
et traînée dans la boue; et, qui pis est,
le public, et des auditeurs même doués
de la plus haute intelligence musicale,
sont dans l'impossibilité,
s'il s'agit d'un ouvrage nouveau
qu'ils entendent pour la première fois,
de reconnaître les ravages
exercés par le chef d'orchestre,
de découvrir les sottises, les fautes,
les crimes qu'il commet.

Hector Berlioz

Georges Liébert est maître de Conférences à l'Institut d'Etudes Politiques de Paris, producteur à France Musique, en particulier des «Matinées de l'orchestre : une histoire de la direction d'orchestre de Berlioz à nos jours». Ancien directeur de la collection «Pluriel» chez Hachette (1976-1989), il est actuellement directeur de collections aux éditions Robert Laffont. Il est l'auteur du chapitre «Mozart 1791-1985» dans *Mozart,* nouvelle édition, Le Chêne 1985, et le responsable d'éditions présentées et commentées dans la collection «Pluriel» : T. Mann, *Wagner et notre temps*, B. Walter, *Gustav Mahler,* O. Klemperer, *Ecrits et entretiens, L'Art du chef d'orchestre,* un choix de textes de H. Berlioz, R. Wagner, F. Weingartner, B. Walter et Ch. Munch.

Pour Françoise et Charlotte

Dépôt légal : septembre 1990
Numéro d'édition : 49657
ISBN 2-07-053114-7
Imprimerie Kapp Lahure Jombard Évreux

NI EMPEREUR NI ROI, CHEF D'ORCHESTRE

Georges Liébert

DÉCOUVERTES GALLIMARD
MUSIQUE

« Pendant trois heures, j'ai vu un homme tendu de la tête aux talons, dans la poursuite de l'impossible perfection. [...] J'ai vu le tyran Toscanini vaincre jusqu'à cette résistance imperceptible, ce dernier et irréductible résidu de personnalité qui survit dans l'exécutant le plus soumis, et, ayant renversé tout ce qui s'interposait entre la musique et lui, seul face à face avec elle, l'adorer humblement. »

Paul Morand, *L'Heure qu'il est*, 1937

Deux attributs du chef moderne, la position surélevée et la baguette, apparaissent sur cette image du troubadour Frauenlob (à gauche), qui fonda vers 1300 la première école de maîtres-chanteurs.

CHAPITRE PREMIER

L'ENFANCE DU CHEF

Popularisée de nos jours par un Karajan, l'image du chef d'orchestre omnipotent est devenue si familière qu'on oublie d'ordinaire que l'avènement de ce «dictateur aux notes» est assez récent. C'est au cours de la première moitié du XIXe siècle qu'il a émergé de l'orchestre : en raison d'impératifs techniques – l'augmentation des effectifs notamment –, et porté par le même mouvement de division du travail et de spécialisation des fonctions qui se déployait dans l'ensemble du corps social.

Représentée par Jérôme Bosch (ci-dessus) et William Hogarth (à droite, en haut), la direction manuelle, que pratiquent toujours les chefs de chœurs, a été pour la première fois décrite, au XIIIe siècle, par le prêtre périgourdin Elie Salomon.

Quand création, exécution et direction ne faisaient qu'un

Chanteurs et instrumentistes n'avaient, bien sûr, pas attendu le XIXe siècle pour être «dirigés». Dès la plus haute Antiquité, gestes de la main et battue plus ou moins bruyante guidaient la ligne mélodique et

indiquaient la division du temps : placés au milieu du chœur, dans une position élevée, les choryphées grecs scandaient la «mesure» avec leurs pieds gainés de sandales de bois ou de fer – ce dont le «pied», unité rythmique du vers dans la métrique ancienne, conservera le souvenir.

Lorsque, plus tard, se développa la polyphonie, la nécessité d'assurer la cohésion des ensembles vocaux suscita divers modes de régulation : avec un rouleau de papier tenu à pleine main, avec une canne ou un bâton plus ou moins long, ustensiles qui, préfigurant la baguette du chef moderne, seront longtemps le propre de la musique chorale et parfois de l'opéra.

A ces exceptions près, généralement, jusque vers la fin du XVIIIe siècle, la direction se distinguait à peine de l'exécution proprement dite, pas plus que celle-ci n'était séparée de la création.

«L'ensemble vocal doit être mené par l'un de ses membres; de la main ou d'une simple flexion du doigt, il marque chaque division du temps, et indique à ses compagnons leurs entrées et leurs pauses. Si l'un d'entre eux chante imparfaitement, il se penche à son oreille pour lui dire «chante plus fort», «moins fort» ou «plus juste». Quelquefois, il donne lui-même de la voix lorsqu'il sent que ses compagnons s'égarent.»

Elie Salomon,
Tractatus de Musica

Le maître de chapelle

Responsable d'une chapelle de musique attachée à une cathédrale ou à une cour princière, le maître de chapelle était en même temps compositeur et chargé des exécutions musicales – plus proche de l'artisan, donc, que de l'artiste au sens moderne. Guère de différence à cet égard, entre Monteverdi, violiste, chanteur puis compositeur à la cour de Mantoue à partir de 1590, Vivaldi, à la fois *maestro di cappella, di coro* et *de'concerti* au conservatoire de la Pieta à Venise, et Joseph Haydn, d'abord violoniste, puis *kapellmeister* et ordonnateur des plaisirs du comte Esterházy de 1761 à 1790.

Conçues pour des occasions et des publics définis – la cour, l'Eglise, le théâtre –, la plupart des œuvres étaient de commande, et peu d'entre elles survivaient au prétexte de leur naissance, au fil d'un répertoire en constant renouvellement.

Cette consommation immédiate, souvent sans lendemain, laissait une large place à l'improvisation : soit par le compositeur lui-même, lequel comme Bach, Haendel ou Vivaldi déployait alors librement son génie au clavecin, à l'orgue ou au violon; soit sous son contrôle ou conformément aux règles non écrites de la convenance et du «bon goût» qui se transmettaient au sein de communautés musicales plutôt stables et homogènes, où régnaient des rapports étroits entre maîtres et disciples.

Une pratique fluctuante

Aussi les partitions, avant la fin du XVIIIe siècle, portaient-elles rarement des indications de tempo ou de nuance, si habituelles par la suite. Elles pouvaient

C'est au XVe siècle, à la Chapelle Sixtine, dit-on, qu'apparut l'usage de diriger les chœurs avec un rouleau de papier, illustré ci-dessus par le compositeur allemand Franz Xaver Richter (1709-1789), qui fut maître de chapelle de la cathédrale de Strasbourg de 1768 à 1789.

Recrutée en Allemagne, dans les Flandres et en Italie du Nord par le compositeur franco-flamand Roland de Lassus (1532-1594), la Hofkapelle de Munich fut en son temps le foyer musical le plus célèbre de toute l'Europe.

d'ailleurs être interprétées *ad libitum*, par des formations très variées en nombre et en proportions, allant du trio au quatuor avec clavecin, à des ensembles de quarante ou soixante instrumentistes, peu fréquents jusqu'au début du XIXe siècle. Entretenir «une musique» était en effet coûteux; les gros effectifs et certains instruments comme les cors, trompettes et timbales restaient un luxe

Assis au milieu de ses musiciens (ci-dessus), Roland de Lassus les dirige du clavecin.

réservé à quelques cours et métropoles prospères.

Vers le milieu du XVIIIe siècle, la moyenne des orchestres oscillait entre vingt et trente exécutants et l'on comptait parmi eux autant d'amateurs, parfois occasionnels, que de professionnels dont quelques-uns seulement auraient sans doute mérité ce titre aujourd'hui. C'est encore avec un orchestre ainsi constitué, et réuni pour la circonstance que la *Neuvième Symphonie* de Beethoven sera créée à Vienne, avec succès, le 7 mai 1824 – après à peine trois répétitions. Car on répétait peu : le temps manquait souvent autant que l'argent. Et si le renouvellement rapide des œuvres supposait une bonne aptitude au déchiffrage, la pratique orchestrale n'en était pas moins fort inégale; elle le restera longtemps comme l'attestent les récriminations qui émaillent les écrits et la correspondance de Berlioz et de Wagner.

Manifestation exceptionnelle, le premier « Festival Haendel » organisé à Westminster en 1784 ne réunit pas moins de 525 musiciens – chanteurs et instrumentistes – dirigés du clavecin, comme Haendel avait coutume de le faire. Mais sa sonorité étant trop faible pour être entendue de tous, on l'avait relié au clavier d'un orgue par des câbles de près de six mètres.

Le règne du clavier

La direction de ces ensembles de petite taille s'effectuait au concert et au théâtre, comme de nos jours dans la musique de chambre : de l'intérieur, principalement du clavier – clavecin (ou *cembalo*) puis piano –, instrument alors chargé du *continuo* (la basse continue) et à ce titre, tenu pour indispensable dans la plupart des orchestres jusqu'à la fin du XVIIIe siècle. Responsable du «remplissage harmonique», que les compositeurs ne firent longtemps qu'esquisser, son titulaire devait être capable d'improviser des voix intermédiaires, ce qui supposait de sa part une bonne connaissance des lois de la composition. On comprend

❝Le clavecin auquel nos prédécesseurs confièrent la direction de l'exécution est le mieux placé pour maintenir en cadence l'ensemble des musiciens [...]. Le son du clavecin, pour peu qu'il soit correctement placé au milieu des autres exécutants, peut être entendu de chacun.❞

Carl Philipp Emanuel Bach, 1753

donc qu'il ait joué un rôle essentiel au sein des exécutants dont il assurait du même coup la cohésion. Il donnait le tempo, le maintenait ou le rétablissait par quelques accents appuyés, indiquait aux solistes et aux chanteurs leurs entrées; il lui arrivait aussi, interrompant son jeu, de battre de la main la mesure, et de s'aider du regard, de la tête, du pied, voire de tout le corps pour souligner certaines nuances de phrase ou de dynamique. Une direction expressive, donc, qui, loin d'avoir la régularité de machine à coudre qu'on imprimera plus tard aux œuvres dites baroques, tendait à faire couler la musique «comme du champagne» selon l'expression de Telemann, et recherchait aussi l'émotion en adoptant ce «*tempo del affetto del animo*» cher à Monteverdi, et que les Allemands appelaient *Affektdirektion*.

Le *continuo* perdit peu à peu de son importance au cours du XVIIIe siècle, lorsque, avec le développement de l'orchestre, et notamment des cordes, les compositeurs écrivirent de plus en plus les parties intermédiaires de leurs accompagnements. Cette méthode de direction (qui se maintiendra parfois dans les concertos) réapparaîtra plus tard dans certains ensembles de jazz, ceux de Duke Ellington par exemple (à gauche), menés du clavier par le compositeur-interprète, comme l'avait été celui de Haydn à Esterraza, représenté en bas à gauche pendant ce qu'on croit être une exécution d'un opéra de son chef : l'*Incontro improviso*.

Pour être mieux suivi des exécutants, le «chef d'orchestre» pouvait utiliser deux rouleaux de papier, tout en faisant face au public, comme ce sera souvent le cas jusqu'au début du XIXe siècle, en Angleterre surtout, où lui tourner le dos passait pour inconvenant. Mais comme cette gravure leipzigoise de 1732 est censée illustrer l'exécution d'une cantate, il est probable que le chef dirige également le chœur situé à droite de l'orgue auquel serait assis Jean-Sébastien Bach.

Bach en action

Assis au milieu de ses musiciens, contrôlant du regard les solistes groupés devant lui, Haendel leur communiquait aisément «sa volonté puissante et contagieuse», au rythme incisif du petit *cembalo*. Bach menait de même le maigre effectif de Saint-Thomas de Leipzig (une douzaine de chanteurs et huit ou dix instrumentistes) et son Collegium musicum, plus fourni et de meilleure qualité. «Personne ne pouvait accorder ses instruments à sa satisfaction, [...] il faisait tout lui-même. Il s'entendait parfaitement à disposer l'orchestre. Son ouïe était si fine qu'il était capable d'entendre la moindre faute dans la musique la plus polyphonique», écrira son fils Carl Philipp Emanuel. «On regrette seulement, ajoutait-il, qu'il ait eu rarement le bonheur de trouver des exécutants de ses travaux qui pussent lui épargner des remarques désagréables. Il était de la plus grande précision dans sa direction d'orchestre et extrêmement sûr dans le rythme qu'il prenait ordinairement avec beaucoup de vivacité.»

Les concerts publics commencèrent à se répandre au XVIIIe siècle. Comme de nos jours, lorsque le temps le permettait, ils avaient parfois lieu en plein air, tels ce concert du Collegium musicum d'Iena (ci-dessus) ou ceux que donnait, sous la direction de Bach, le Collegium musicum de Leipzig, une société de concerts indépendante composée d'amateurs et d'étudiants, ancêtre des concerts du Gewandhaus que Mendelssohn rendra célèbres.

L'animation de Mozart

Que le clavier fût longtemps le principal organe de contrôle des orchestres, surtout en Allemagne où ils dépendaient la plupart du temps d'un théâtre de cour, Mozart en témoigne, lorsqu'à la veille de quitter Paris, en 1778, il écrit à son père qu'il accepte de rentrer à Salzbourg, mais à condition de n'y plus tenir le violon, où pourtant il excelle : «C'est au clavier, dit-il que je veux *diriger*, *accompagner* les airs.» Et c'est ainsi qu'il dirigera presque toujours : ses concertos pour piano, bien sûr, que certains chefs contemporains, de Bruno Walter à Daniel Barenboïm, dirigeront eux aussi en tenant la partie de soliste; ses symphonies également comme de nos jours Christopher Hogwood, menant, du *continuo*, les instruments d'époque de l'Academy of Ancient Music; à l'opéra enfin, où son animation fait merveille – «aussi impossible de la décrire que de peindre les rayons du soleil», dira Michael Kelly, le ténor irlandais qui participa à la première des *Noces de Figaro*.

«Aujourd'hui, la cour de Russie est repartie, écrit Mozart de Vienne à son père en octobre 1782. On lui

Enfant prodige, Mozart, entre 1763 et 1766, se produisit dans toute l'Europe, à Paris notamment, dans des salons comme celui du Prince de Conti (ci-dessus), où sa virtuosité au clavier suspend la conversation d'élégants réunis pour le thé. Image du «divin Mozart» qu'a remplacée récemment celle du «divin loubard» dans *Amadeus* (à droite), le film de Milos Forman qui, n'étant pas à un anachronisme près, montre le compositeur dirigeant ses œuvres en précurseur de Léonard Bernstein (accent compris).

a dernièrement donné une représentation de mon *opéra* (*L'Enlèvement au sérail*); et à cette occasion, j'ai jugé bon de reprendre ma place au clavier et de *diriger* : en partie pour réveiller l'*orchestre*, qui s'était un peu endormi, en partie pour me montrer à ces nobles spectateurs comme le père de mon enfant.»

A la même époque, Haydn présidait ainsi aux spectacles et aux concerts qu'il organisait à Esterraza. Et, alors même que le *continuo* a perdu musicalement toute raison d'être, c'est encore du clavier – un des premiers pianos de faible sonorité – qu'il dirige, avec un vif succès, les premières exécutions de ses symphonies londoniennes en 1791, 1794 et 1795. Mais cette responsabilité, il la partage, comme c'était alors souvent le cas, avec le premier violon, Salomon (qui, innovation, était aussi son imprésario).

Jean-Baptiste Lully (1623-1687), «ancien marmiton qui baragouinait le français», devint en 1661 le tout-puissant surintendant de la Musique du roi.

L'ascension du premier violon

Rival souvent heureux du clavier, le premier violon avait déjà établi son autorité, sinon sa suprématie, sur de nombreux orchestres. En Italie bien sûr, où stimulées par les prouesses de la musique vocale, les cordes avaient acquis une souplesse, une plénitude et une richesse de coloris qu'on ne rencontrait guère ailleurs. Lui-même violoniste virtuose, Vivaldi avait fait des orphelines et bâtardes recueillies à l'hospice de la Pieta de Venise l'orchestre le plus discipliné de la péninsule; et capable de nuances – *forte, piano, crescendo* surtout – dont, quelques années plus tard, s'énorgueillira le célèbre orchestre de Mannheim mené par son premier violon, le *konzertmeister* Johann Stamitz, puis Christian Cannabich, dont Mozart admirait beaucoup l'autorité.

Cette technique du violon conducteur que Bach pratiqua aussi, Lully, d'origine italienne, et l'un des premiers violonistes de son temps, l'avait développée en France, avec la célèbre bande des violons du roi

qu'il créa en 1656, et à laquelle il inculqua une précision rythmique bientôt fameuse : seize, puis vingt-quatre virtuoses chargés surtout d'animer les bals et ballets de la Cour, les Français ayant pour la danse, seule ou mêlée à la comédie et à la tragédie, une prédilection qui exercera longtemps d'heureux effets sur leur école de violon.

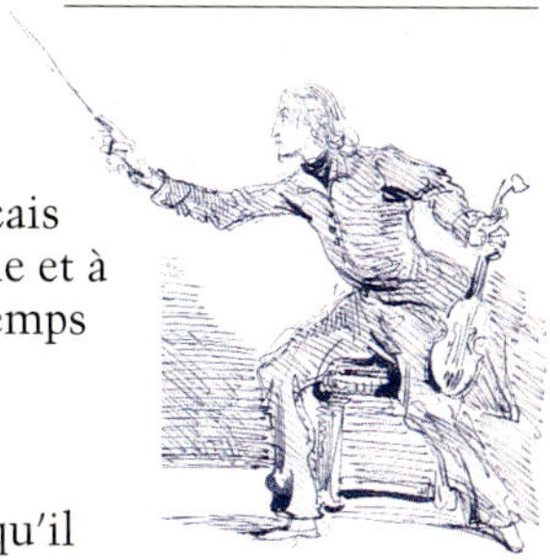

D'origine italienne, la direction au violon, seul ou avec le concours du clavier, comme ci-dessous, a été pratiquée par de nombreux virtuoses. L'un des plus célèbres, Nicolo Paganini (1782-1840), menait souvent l'orchestre de l'archet pendant ses concerts. De nos jours, Pinchas Zuckerman perpétue avec brio cette tradition.

«Le chef de l'orchestre»

Le clavier ne jouait pas dans notre pays le rôle qu'il avait généralement en Allemagne où il était regardé comme l'instrument privilégié de l'harmonie et du contrepoint. Et, comme c'est aux cordes, déjà à l'honneur dans la musique de danse, que le développement de la symphonie en France au cours du XVIIIe siècle donna la prépondérance, leur représentant, le premier violon, assuma les fonctions de «maître de musique» : au Concert spirituel, alors la société de concerts parisienne la plus courue, puis au sein des nombreux orchestres dont la concurrence l'éclipsa dans la seconde moitié du siècle. Ce fut, en particulier, le cas du Concert des Amateurs, fondé en 1769 et dirigé quelque temps avec succès par Gossec, et du Concert de la loge Olympique qui, sous la

conduite du chevalier de Saint-Georges, un métis aussi fine lame qu'excellent violoniste, acquit rapidement une réputation assez grande pour que Haydn lui dédiât six de ses symphonies. Le premier violon est «le chef de l'orchestre, écrivait Rousseau, dans son *Dictionnaire de musique* en 1767 : c'est lui qui donne l'accord, qui guide les symphonistes, qui les remet quand ils manquent et sur lequel ils doivent tous se régler».

Auteur d'une œuvre abondante et variée, Joseph Boulogne de Saint-Georges (1739-1799) est parfois considéré comme le premier compositeur noir de tradition européenne.

Le bûcheron de l'Opéra de Paris

La mode italienne, quelque temps triomphante, s'était cependant heurtée à un îlot de

résistance : l'Opéra de Paris, apparemment le seul théâtre en Europe à cette époque où les représentations n'étaient pas dirigées du clavier ou du premier violon, mais par un «batteur de mesure» armé d'un bâton dont il usait parfois bruyamment «comme s'il fendait du bois». D'où le surnom de «bûcheron» que lui donna Grimm, et que Rousseau reprit dans son *Dictionnaire de musique* pour mieux stigmatiser la battue de mesure, cette coutume barbare d'un peuple qui «n'avait pas de musique et ne pouvait en avoir» qu'à ses dépens, inutilement compliquée et fatigante; alors qu'en Italie, où la mélodie jaillissait naturellement, la mesure était «l'âme même de la musique» et il était inutile de la battre.

On le faisait pourtant, dans la musique chorale en particulier, comme c'était partout l'usage. A Venise en 1739, le président de Brosses l'avait relevé, non sans délectation, en écoutant l'orchestre et les «voix adorables» des orphelines des hospices : «Il n'y a rien de si plaisant, écrivait-il, que de voir une jolie religieuse, en habit blanc, avec un bouquet de grenades sur l'oreille, conduire l'orchestre et battre la mesure avec toute la grâce et la précision imaginables.»

Si l'opéra italien d'alors échappait au défaut que déplorait Rousseau, c'est qu'il se réduisait à des *arias* accompagnées par un orchestre léger que les chanteurs menaient souvent à leur guise; et qu'à l'inverse du nôtre, il était généralement dénué de chœurs, que leur éloignement de l'orchestre pouvait rendre impossibles à diriger silencieusement. La battue parfois bruyante en usage à Paris ne tenait donc pas à une quelconque infirmité nationale, mais,

Rehaussant souvent de leur talent et de leur charme concerts et cérémonies, les orphelines des hospices de Venise (à gauche) n'avaient rien de nonnes cloîtrées; et elles passaient pour être moins disciplinées dans leur vie privée qu'à l'orchestre.

Symbole de l'autorité, comme le stick ou la badine de jonc de l'officier et le bâton du maréchal, la canne du tambour-major apparut dans les musiques militaires au début du XVIIe siècle. D'un maniement silencieux, à l'inverse de celle dont se servait parfois Lully, qui en frappait le sol pour maintenir la mesure, elle devait susciter chez son titulaire une virtuosité parfois acrobatique (comme aujourd'hui les majorettes), pour le plus grand plaisir des amateurs de défilés.

dans les conditions techniques de l'époque, à la nature même de l'opéra français. Synthèse de l'ancien ballet de cour, de la pastorale et de la tragédie, les chœurs chantés et dansés y jouaient un rôle de premier plan; et vers la fin du siècle, certaines œuvres mobilisaient, outre chanteurs et danseurs, jusqu'à quatre-vingts instrumentistes et une cinquantaine de choristes, dans des décors souvent fastueux dont la magie des machines multipliait le pouvoir d'illusion.

Lully le précurseur

Conçu à l'origine par Lully, comme une représentation sublimée de Versailles et de la cour, ce spectacle total supposait un maître d'œuvre aux talents variés exerçant une autorité sans partage. C'est bien ainsi que l'entendait son créateur qui, à la manière de son maître, régnait en monarque absolu sur l'Académie royale de Musique dont il fit un modèle admiré dans toute l'Europe. Sachant «aussi parfaitement faire exécuter un opéra que le composer», rien ne lui échappait : du recrutement et de la formation des instrumentistes, des chanteurs, et même des danseurs, jusqu'à la représentation qu'il préparait avec un soin jaloux. «Il n'y avait pas une

Bien que Lully (ci-dessus) ne souffrît aucune concurrence, Molière fit appel à Marc-Antoine Charpentier (1643-1704) pour composer la musique du *Malade imaginaire*, qui fut représenté à la Cour le 21 août 1674, en présence du roi Louis XIV.

province de son empire, écrira Romain Rolland, où il ne portât l'œil du maître et qu'il ne dirigeât» – du violon, du clavecin, ou avec sa fameuse canne, qui lui fut fatale, lorsque, au cours de l'exécution de son *Te Deum*, le 8 janvier 1687, il s'en frappa le pied avec une telle véhémence qu'un abcès lui vint, qui dégénéra en gangrène, laquelle, aggravée par l'absence de soins et le «dévergondage» de son existence, l'emporta en quelques semaines.

Lully, le premier, avait incarné cette dictature musicale que Berlioz rêvera de se voir confier et qu'exerceront plus ou moins Wagner à Bayreuth, Mahler à Vienne, Toscanini à la Scala, Karajan lors de *son* festival de printemps à Salzbourg. Et les mêmes raisons – exécutants nombreux et variés, complexité des œuvres et du spectacle –, qui avaient imposé à l'Opéra de Paris l'autorité d'un chef souverain, devaient la rendre partout indispensable dans les premières décennies du XIXe siècle.

Une gravure de cette soirée par Le Pautre (ci-dessus) permet de bien distinguer l'orchestre, nombreux, et au milieu, un homme de dos, dirigeant le bâton à la main, qui pourrait être Charpentier lui-même. C'est sans bâton, mais avec une perruque et revêtu pour la dernière scène de la toge écarlate des médecins que William Christie (à gauche) dirigera l'ensemble des Arts florissants, au théâtre du Châtelet à Paris, en mars et avril 1990.

ROBERT
DIABLE
A. Lorentz

« Et d'abord, monsieur, nous sommes chefs ; nous exerçons, dans les limites du règlement, une suprématie sans contestation bien sérieuse, car notre pouvoir repose sur une base qui manque aux plus hautes institutions de la région politique : la nécessité. »

« Le Chef d'orchestre »,
dans *Les Français peints par eux-mêmes, une Encyclopédie morale du XIXe siècle*, 1840.

CHAPITRE II
LES FONDATEURS

Directeur de l'Opéra de Berlin de 1842 à 1849, Meyerbeer (1791-1864), sans doute en raison de sa mauvaise santé, n'y laissa pas le souvenir d'un grand chef. Pourtant, Berlioz, en 1843, admira sa maîtrise : « L'orchestre est dans sa main, il en fait ce qu'il veut. »

L'avènement de l'orchestre moderne

En une trentaine d'années, qui voient surgir les symphonies de Beethoven, le *Freischütz*, *Euryanthe* et *Oberon* de Weber, *Guillaume Tell* de Rossini, *Robert le Diable* de Meyerbeer, l'ouverture du *Songe d'une nuit d'été* de Mendelssohn et la *Symphonie fantastique* de Berlioz, se produit une transformation spectaculaire de l'écriture orchestrale, servie par une maîtrise croissante des ressources techniques et poétiques d'instruments à la fois plus individualisés, plus sonores et plus nombreux. L'orchestre moderne est né, qui va passer d'une quarantaine d'exécutants en moyenne au début du siècle aux cent seize musiciens réunis par Wagner à Bayreuth en 1876 pour la première de sa Tétralogie : *L'anneau du Nibelung*.

Cet orchestre romantique excédait en nombre et en puissance la capacité des «chambres» princières et des hôtels aristocratiques où se donnait traditionnellement la musique. On recourt donc

De la fête de la Fédération à celle de l'Etre Suprême (ci-dessus), les grandes célébrations révolutionnaires rassemblaient plusieurs centaines d'instrumentistes et de choristes et deux à trois milliers de «citoyens». Disposés en gradins sur le Champ-de-Mars, les musiciens suivaient un batteur de mesure bien en vue qu'aidaient parfois le son du canon, ou des trompettes placées sur une colonne et dont, écrit Michelet, «la voix perçante dirigeait les mouvements dans l'espace immense».

bientôt aux théâtres qui, eux-mêmes, ne tardent pas à s'agrandir; des salles sont édifiées, à mesure que se multiplient les concerts, publics et payants. Apparus en Angleterre à la fin du XVIIe siècle, ils connaissent une véritable explosion entre 1800 et 1848, avec la montée des classes moyennes dont l'appétit culturel se traduit au même moment par l'extension de la lecture, de livres et de journaux, la fréquentation croissante des théâtres, des Salons de peinture et des premiers musées.

La montée de la symphonie

Cette diffusion nouvelle de la musique touche, à des degrés divers, tous les pays d'Europe, et s'étendra assez vite à l'Amérique. Un vaste marché s'organise, accélérant la circulation d'œuvres bientôt protégées des contrefaçons. Corollaires : l'interprète tend à se dissocier de plus en plus du compositeur; les partitions gagnent en précision, la mise au point du métronome en 1816 leur ajoutant une apparence de

La Révolution, d'après Gossec, devait «faire sortir Orphée des salons et des temples consacrés par l'imposture». Mais en dehors des grandes Fêtes parisiennes, elle se traduisit généralement par une interruption de la vie musicale, en province surtout, où elle ne reprit peu à peu qu'au début du siècle sous l'impulsion de nombreuses formations d'amateurs (comme ci-dessus) impliquant une pratique musicale beaucoup plus répandue qu'aujourd'hui.

Fondée en 1828, la Société des concerts du Conservatoire comptait quatre-vingt-six instrumentistes, les meilleurs de Paris, d'une moyenne d'âge de trente ans. Elle donnait six concerts annuels dans la salle du Conservatoire, rue Bergère (ci-contre), d'une acoustique exceptionnelle grâce à sa taille restreinte (moins de mille places), à sa forme allongée et à son revêtement en bois, qui l'ont fait comparer à un grand Stradivarius.

Violoniste renommé, compositeur et pédagogue, François Antoine Habeneck (1781-1849) exerçait une autorité souveraine sur cet orchestre formé par lui à son seul usage. Bien que les musiciens fussent à sa dévotion, il ne les ménageait pas toujours.

rigueur indiscutable; la professionnalisation des exécutants s'accroît, favorisée par l'établissement de conservatoires, sur le modèle de celui qui fut ouvert à Paris en 1795.

L'opéra demeure la voie royale du succès, le genre dominant. Mais, longtemps et partout majoritaires, les orchestres de théâtre se produisent de plus en plus en concerts, tandis que naissent de nouveaux orchestres, spécifiquement symphoniques, certains éphémères, d'autres destinés à devenir de véritables institutions : la Société Philharmonique de Londres en 1813, la Société des concerts du Conservatoire de Paris en 1828, l'orchestre Philharmonique de Vienne en 1842. A la tête de tous ces ensembles, dès leur

«Habeneck avait la mauvaise habitude de mettre toujours la salle dans la confidence des couacs qui se perpétraient dans son orchestre. A chaque fausse note, il se retournait et désignait de son archet le coupable à la vindicte publique.»

Charles de Boigne, *Petits Mémoires de l'Opéra*, Paris, 1857

création, ou quelque temps plus tard : un chef d'orchestre muni d'un bâton, d'une baguette ou d'un archet qui en tient lieu.

De l'archet à la baguette

Les méthodes traditionnelles de direction conservaient cependant des adeptes. Outre-Manche surtout où, le *continuo* survivant à sa disparition, une double direction persista plus longtemps qu'ailleurs : avec le *conductor* au clavier et le *leader* au premier violon, tous deux rivalisant, parfois ouvertement et bruyamment, pour rallier chacun l'orchestre à sa mesure. Le chef armé d'une baguette représentait une atteinte aux droits de «l'Anglais né libre» au même titre que le policier muni d'un bâton, et l'Angleterre ne se résigna à l'un et à l'autre que lentement, au cours de la première moitié du siècle.

En France, à l'inverse, où, de plus, la vie musicale avait subi l'empreinte militaire de la Révolution et de l'Empire, le chef d'orchestre, version républicaine du ci-devant «maître de musique», n'eut aucune peine à établir son autorité, acquise généralement au premier violon. Mais comme les œuvres modernes exigeaient d'être dirigées de bout en bout, et par quelqu'un qui n'était pas lui-même dans l'obligation de jouer, il renonça bientôt à son violon pendant les concerts, pour ne conserver que l'archet, lequel sera longtemps – jusqu'à Jules Pasdeloup et Edouard Colonne à ses débuts – l'instrument conducteur de la plupart des chefs français. C'est ainsi que dirigeait Habeneck, le fondateur de la Société des concerts du Conservatoire, rapidement reconnu comme le meilleur orchestre d'Europe et l'interprète le plus accompli de Beethoven dont il s'était fait une spécialité. «Celui qui veut comprendre à fond la *Neuvième Symphonie* doit l'entendre exécutée par l'orchestre du Conservatoire», dira Wagner pour qui ce fut une révélation, en 1839, lors de son premier séjour à Paris.

Saisi par le sculpteur Dantan, dans l'attitude d'un général commandant la charge (mais l'archet conducteur n'a pas survécu), Habeneck, sous des dehors fermes et même rudes, ne manquait pas de finesse...

De Spohr à Mendelssohn

Le bâton ou la baguette se répandirent rapidement en Allemagne où jamais le violon n'avait vraiment entamé la suprématie du clavier. Même un violoniste virtuose comme Spohr, qui dirigeait au violon l'orchestre de la cour de Gotha, l'abandonna pour le bâton, après être devenu maître de chapelle à Francfort en 1815. A la même époque, Weber l'introduisait à l'Opéra de Dresde où ses prédécesseurs avaient dirigé à la manière du *maestro al cembalo*. Et c'est en maniant avec ostentation, mais sans bruit, une sorte de long bâton de maréchal, en ébène et ivoire, que Spontini fit, en 1820, sa première et impressionnante apparition à l'Opéra de Berlin dans *Fernand Cortez*. Neuf ans plus tard, la *Passion selon Saint-Matthieu* de Bach ressuscitait sous la baguette de Mendelssohn. A la tête du Gewandhaus de Leipzig à partir de 1835, il ne tarda pas à en faire, d'une battue élégante et régulière, un des orchestres les plus renommés d'Allemagne et le bastion du classicisme. Ce fut lui, également, qui contribua à acclimater la baguette en Angleterre où son goût de l'oratorio et ses allures de *gentleman farmer* de la musique étaient si appréciés qu'il la regarda bientôt comme sa seconde patrie.

Considéré après la mort de Beethoven comme le plus grand compositeur de son temps, Louis Spohr (1784-1859), maître de chapelle à Kassel à partir de 1822, en fit un foyer musical très actif et ouvert; son répertoire allait de Bach aux premiers opéras de Wagner.

Le rôle du compositeur chef d'orchestre

Ces novateurs perpétuaient la tradition du compositeur-chef d'orchestre : un cumul pourtant plus difficile à pratiquer que naguère. Pour diriger non plus un petit ensemble du clavier ou au violon, mais de soixante à cent exécutants, en se tenant isolé devant eux, sans autre instrument qu'une baguette, il faut en effet être capable, non seulement de traduire ses intentions par des gestes appropriés, mais de les transmettre avec la force

Maître de chapelle à Dresde après avoir dirigé le Théâtre de Prague, Weber (1786-1826) (en bas), outre la baguette, imposa à l'orchestre réorganisé un système rationnel de répétitions. Aussi présent sur la scène que dans la fosse, maître d'œuvre complet du spectacle, il devait être, avec Spontini, le modèle de Wagner.

d'impulsion et l'autorité nécessaires, qualités qu'on ne trouve pas forcément réunies chez un compositeur.

Bien avant que la surdité l'eût coupé des musiciens qu'il était censé diriger, Beethoven les déroutait souvent par sa gesticulation véhémente. «L'expérience a prouvé que le compositeur n'est généralement pas le meilleur interprète de ses œuvres», constatait lucidement Schumann à qui il arrivait de laisser échapper sa baguette. Cependant, comme les interprètes étaient alors souvent en retard sur les créateurs, il n'est pas étonnant que les plus grands chefs d'orchestre de cette époque aient été compositeurs : outre que diriger leur assurait des revenus plus ou moins réguliers, ils entendaient ainsi obtenir des exécutions conformes à leurs vœux.

«Empereur de la musique» à Berlin pendant vingt ans, Spontini (1774-1851) (ci-contre) n'appréciait guère son cadet, l'aimable Mendelssohn (1809-1847) (ci-dessous).

L'apprentissage de Berlioz

C'est d'abord parce qu'il ne supportait pas d'entendre sa musique dirigée par d'autres, et donc «plus ou moins défigurée», que Berlioz devint chef d'orchestre.

Jusqu'au début de notre siècle, altos et violons du Gewandhaus, ci-dessous en répétition, jouaient debout.

Pour «bien rendre [mes] œuvres, écrira-t-il dans ses *Mémoires*, les exécutants, et leur directeur surtout, doivent *sentir* comme moi. Il faut une précision extrême, unie à une verve irrésistible, une fougue réglée, une sensibilité rêveuse, une mélancolie pour ainsi dire maladive, sans lesquelles les principaux traits de mes figures sont altérés ou complètement effacés. Il m'est en conséquence extrêmement douloureux d'entendre la plupart de mes compositions sous une direction autre que la mienne».

Accidents, désastres même – dûs à la nouveauté de son écriture orchestrale, et en particulier à son originalité rythmique – n'avaient pas manqué pour convaincre Berlioz de prendre lui-même la baguette.

Ses débuts furent d'ailleurs rien moins que prometteurs. Ayant «osé» diriger sa *Messe solennelle*, en novembre 1827, à Saint-Eustache, son sang-froid ne résiste pas au déploiement des cuivres et du chœur : un «tremblement convulsif» le «contraint de s'asseoir et de laisser reposer l'orchestre pendant quelques minutes». Six ans plus tard encore, lors d'une exécution de sa cantate *La Dernière Nuit de Sardanapale*, son inexpérience provoque la débandade des musiciens. Mais les déconvenues qu'il éprouva sous d'autres chefs l'encouragèrent à persévérer –

L'orchestre était le seul instrument dont Berlioz sut vraiment jouer. Très tôt, il en découvrit et en exploita les ressources techniques et poétiques, analysant l'étendue, le mode d'action, le caractère et le timbre de chacune de ses composantes, l'art de les grouper et de les combiner dans des conditions acoustiques propres à mettre en valeur leurs facultés expressives.

❝Virtuose-né de l'orchestre, Berlioz demande sans doute des choses excessives à chaque instrument isolé comme à l'ensemble – plus que Beethoveen, plus que tous les autres – mais ce n'est pas une trop grande habileté mécanique qu'il exige des exécutants : c'est de l'intérêt pour leur tâche, du goût, de l'amour. L'individu doit s'effacer, pour servir simplement la totalité qui doit à son tour se soumettre docilement à la volonté du chef.❞

Robert Schumann, *Neue Zeitschrift für Musik*, 1835

jusqu'au vif succès que remporta, en novembre 1839, la création de *Roméo et Juliette*. Wagner, qui y assistait subjugué, comprit que «la hardiesse fantastique et la sévère précision des combinaisons les plus osées qui caractérisent cette œuvre» demandaient un orchestre de virtuoses mené par un virtuose. Ce que Berlioz devint peu à peu, au fil d'un dur apprentissage dont il consigna les leçons en 1855 dans *Le Chef d'orchestre, Théorie de son art*, le premier traité moderne de direction d'orchestre.

Inventeur des festivals

Quoique plus petit que Napoléon, ce «rossignol colossal», comme Heine surnommait Berlioz, exerçait lui aussi un ascendant «électrique» sur ses troupes. On le vit bien, lorsqu'en costume de garde national, le sabre à la main, il dirigea sa *Symphonie funèbre et triomphale*, le 28 juillet 1840, pour l'inauguration de la colonne de Juillet, place de la Bastille. Une de ces solennités patriotiques, alors fréquentes, qui lui inspirèrent la formule moderne du «festival», déjà pratiquée en Angleterre et en Allemagne, mais qu'il fut le premier à populariser en France, avec un sens aigu de l'organisation et de la publicité, rassemblant sous ses ordres des armées musicales de plus en plus nombreuses : de deux cents exécutants en 1840, jusqu'à douze cents lors de l'Exposition universelle de 1855.

Avec ces festivals souvent «babyloniens», Berlioz entendait lutter contre la «vulgarisation» de son art qui, sous l'effet de la multiplication des concerts voués surtout aux prouesses des divas et des virtuoses, lui paraissait tourner au «pot-au-feu musical». Surtout, le compositeur-chef d'orchestre cherchait ainsi à toucher un vaste public en rompant l'isolement où l'enfermaient des succès sans lendemain.

Situation paradoxale que la sienne en effet : musicien quasi officiel de la monarchie de Juillet, mais sans poste, Berlioz était aussi un chef sans orchestre. Les deux meilleurs établissements de la capitale, l'Opéra et les concerts du Conservatoire, sur lesquels régnait Habeneck, lui demeuraient fermés. Pour se faire entendre, il organisait donc ses propres concerts, avec, le plus souvent, un orchestre formé à son usage, mais dont il ne disposait pas à volonté. Aussi est-ce à l'étranger, où on l'appelait, que Berlioz exerça le plus clair de son activité de chef; sillonnant l'Europe, de Paris à Saint-Pétersbourg, tel un Napoléon de la musique, – l'Allemagne surtout, où les *kapellmeister* attachés à des cours nombreuses lui paraissaient jouir d'une situation très enviable.

“Il est hors de doute que, sans la présence de l'auteur et son action immédiate sur les exécutants, certains ouvrages sont toujours plus ou moins modifiés par l'exécution. Ces changements, cela aussi me paraît évident, sont toujours à leur désavantage.”

Hector Berlioz, *Correspondance*, 1er août 1845

“D'après les nombreux témoignages que nous avons, Wagner a été un chef prodigieux. Avec un regard d'aigle, il a vu immédiatement des possibilités extraordinairement lointaines dans «l'art de diriger». Il existe de lui un livre qui porte ce titre et qui devrait être le bréviaire de tout chef d'orchestre. [...] Les principes de direction de Wagner sont splendides et définitifs; on a raffiné depuis; on a maintenant un acquis suffisant pour en tirer une vraie science et une pédagogie. Mais il n'y a rien à changer aux bases établies par cet homme remarquable.”

Igor Markevitch,
Point d'orgue,
Paris, 1959

Wagner : du kapellmeister au démiurge

Cette place dont Berlioz rêvait, Wagner l'avait acceptée à l'Opéra de Dresde en 1843, à la suite du triomphe remporté par *Rienzi*, et de l'honorable succès du *Vaisseau fantôme*.

Auparavant, de Würzbourg à Riga, via Magdebourg et Koenigsberg, il était passé par la rude école des petits opéras de province, avec leurs troupes de fortune, qui sera longtemps celle des chefs d'orchestre en terre germanique. On y gagnait de la maîtrise au pupitre de direction et une familiarité avec le chant que Wagner jugeait aussi indispensable au chef d'orchestre qu'au compositeur; mais la morne routine du théâtre de répertoire, aggravée par des conditions de travail affligeantes, s'accordait mal avec son souci de perfection. Celui-ci s'exaspéra à Dresde où pendant six ans, le jeune *kapellmeister* tenta de «créer l'impossible», comme avant lui, Weber, le dieu de son enfance dont il se voulait l'héritier.

A l'opposé de sa réputation de romantique échevelé, le chef d'orchestre Berlioz (à droite sous les traits de Jean-Louis Barrault) avait toute la rigueur et l'exactitude qu'attendait le compositeur. Une fois retombée l'inévitable agitation des débuts, sa battue fut réputée non moins ferme que son maintien. Selon Rimsky-Korsakov, qui le vit diriger à Saint-Pétersbourg en 1867, «le geste de Berlioz était simple, clair et beau, rien de maniéré dans les nuances».

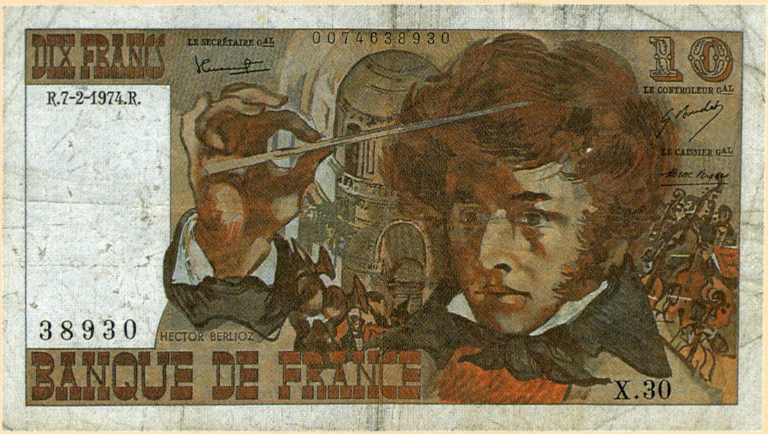

Berlioz, maître de lui

«Berlioz donna une preuve extraordinaire de son parfait empire sur l'orchestre lors d'un grand concert au Cirque Franconi. Il y avait eu le matin une longue répétition. Après quelques heures de travail ardu, Berlioz congédia l'orchestre; à peine le dernier musicien avait-il disparu, qu'il se frappa le front, en s'exclamant : «J'ai oublié l'ouverture!». Il resta silencieux quelques minutes, puis dit avec résolution : «Cela va marcher quand même.» L'ouverture était celle du *Carnaval romain.* [...] Les musiciens qui connaissent cette œuvre, ses rythmes compliqués et ses dédales, comprendront aisément l'audace de cette aventure, et s'étonneront qu'elle pût réussir. Ce fut un spectacle inoubliable que de voir Berlioz pendant cette exécution. Il veilla sur chacun des membres de l'énorme orchestre; sa battue était si affirmée, ses indications pour toutes les nuances avaient tant de clarté et de précision que l'ouverture fut jouée sans aucun accroc, et personne n'aurait pu se douter de l'absence de répétition...»

Charles Hallé,
Life and Letters, 1896

Spy

Wagner et la scène

“Si je voulais faire part aux chefs d'orchestre d'opéra bien intentionnés de la somme de mes conseils, je leur dirais : Dans l'opéra, si vous êtes par ailleurs bons musiciens, faites attention uniquement à ce qui se passe sur la scène [...] : que cette action, animée et multipliée à l'infini par l'intervention de la musique, reçoive la "précision la plus absolue"; que là se porte votre effort essentiel : si vous obtenez cette précision, soyez assurés que vous obtiendrez tout naturellement, à la fois, le mouvement exact et la bonne interprétation de l'orchestre.”

Wagner, 1873

Wagner à l'écran : ci-dessus à droite Trevor Howard dans *Ludwig* de Visconti.

En dépit de conditions peu propices – un orchestre insuffisant, éprouvé par un lourd cahier des charges –, Wagner obtint d'heureux résultats. Mais ils se payaient cher : par des représentations médiocres faute, notamment, de répétitions assez nombreuses. Laissées presque toujours sans réponse, ses propositions de réorganisation de l'Opéra l'entraînèrent dans la révolution, puis l'exil. La renaissance artistique qu'il espérait supposait «un monde moral nouveau» et, d'abord, une réforme du théâtre, sur le modèle de la Grèce antique dont l'Allemagne pensante de cette époque se voyait la moderne réincarnation. Seul un théâtre affranchi des servitudes du répertoire permettrait de représenter le drame tel que Wagner le concevait : un tout unifié où se fondraient musique, gestes, décors, éclairage, sous la direction d'autant plus souveraine du chef-compositeur que, dans la fosse profonde et dissimulée, se déroulerait désormais une symphonie ininterrompue dont la scène ne serait que l'émanation. Ainsi imaginait-il ce temple de l'art

Wagner dirigea en Allemagne deux exécutions mémorables de la *Neuvième* de Beethoven : la première à Dresde en avril 1845, la seconde, le 22 mai 1872, au théâtre de la Margrave à Bayreuth (ci-dessous) lors de la pose de la première pierre du théâtre des Festivals. Le futur chef Arthur Nikisch qui participa à ce concert comme violoniste ne devait pas l'oublier : «Wagner n'était pas ce qu'on pourrait appeler un chef d'orchestre de "routine", dira-t-il. Ses gestes étaient la musique elle-même.»

qui ne verrait le jour qu'une bonne vingtaine d'années plus tard à Bayreuth.

«Le bourbier des concerts»

En attendant, comme les subsides d'amis et de mécènes aussi généreux que Liszt et Louis II de Bavière ne suffisaient pas à assurer son train de vie plutôt dispendieux de compositeur errant, Wagner dut reprendre la baguette et plonger dans ce qu'il appelait «le bourbier des concerts». Non que diriger lui déplût. Les concerts d'œuvres de Beethoven qu'il avait organisés à Dresde et qu'il donna ensuite à Zurich lui laissaient de bons souvenirs. Ils eurent d'ailleurs un grand retentissement; et c'est à Wagner que la *Neuvième Symphonie*, souvent encore tenue pour injouable à l'époque, dut de se répandre en Allemagne où elle acquit bientôt un statut de messe laïque. Montrer ce qu'était à ses yeux le «vrai» Beethoven, ou le «vrai» Mozart; faire entendre aussi des extraits bien choisis de ses œuvres, il y consentait avec plaisir, à condition que les concerts fussent rares et soigneusement préparés. Mais diriger pour diriger

Surnommé «l'abîme mystique», l'orchestre invisible du théâtre de Bayreuth s'étage sous la scène, en gradins dont la pente prolonge celle de la salle; il doit à cette disposition sa sonorité exceptionnelle. Sur le dessin ci-dessus, effectué par un musicien pendant les répétitions de *Parsifal* en 1882, on aperçoit Wagner donnant des conseils au chef Hermann Levi, au moyen d'une ouverture pratiquée dans l'auvent qui recouvre partiellement l'orchestre du côté de la salle.

le rebutait comme une corvée. «Vouloir en faire ma profession, ce serait le comble de l'absurdité! disait-il à Liszt. Ce n'est pas là mon affaire!»

Son affaire, c'est de créer. Pourtant, à partir de 1871, une fois lancée l'entreprise de Bayreuth, l'interprète doit se produire avec une fréquence accrue, au cours de tournées souvent triomphales, mais au prix de nombreuses interruptions dans l'achèvement de la *Tétralogie*, et de beaucoup de fatigue. «Richard donne un peu de son sang et de sa vie en dirigeant», note alors Cosima dans son journal. Et cependant, lui, si prompt à la colère, se contrôle presque toujours parfaitement avec les musiciens qui se réjouissent de jouer sous sa direction – même si sa technique commence généralement par les déconcerter. Car Wagner ne battait pas la mesure, à la manière de Mendelssohn, de Berlioz et des autres chefs de son temps : il «dessinait» plutôt des «phrases dans l'air» pour mieux faire sentir le flux du *mélos*, le chant profond des œuvres déterminé par leur contenu poétique. Et c'est d'ailleurs à l'intention des

Après la mort de Wagner en 1883, sa femme Cosima présida aux destinées du festival de Bayreuth. On l'aperçoit au centre du portrait de groupe ci-dessus, en 1892, en compagnie de Hans Richter, Hermann Levi, Julius Kniese, qui, avec Félix Mottl, se partagèrent la direction des œuvres montées cette année-là : *Parsifal* (huit fois), *Tristan et Isolde, Tannhaüser* et *Les Maîtres Chanteurs* (chacun quatre fois) *kapellmeister* attachés à la mesure comme la chèvre au piquet qu'il écrivit en 1869 son essai *Sur la direction* : un concentré polémique et pédagogique de ses expériences, dans un domaine où, selon lui, la routine allait de pair avec l'ignorance.

L'école wagnérienne

Aucun autoritarisme dans sa façon de mener l'orchestre : «Chacun avait le sentiment de n'obéir qu'à lui-même, dira un musicien, et tous jouaient parfaitement ensemble, alors que tous ne faisaient que le suivre». Impression partagée par les interprètes des premiers festivals de Bayreuth en 1876 et 1882, au cours des répétitions que Wagner dirigea ou contrôla avec autant de bonne humeur que de vigilance – mais en désespérant de transmettre l'interprétation exacte, et surtout son *tempo*, à Hans Richter et Hermann Levi, les deux chefs auxquels il confia successivement la première de la *Tétralogie* et celle de *Parsifal*.

«Si je ferme aujourd'hui les yeux, écrivait-il au roi Louis II en 1879, il n'est pas sur cette terre un seul homme à qui je puisse remettre avec confiance le soin de mon œuvre... Je suis dans une solitude totale.» Pourtant, lorsque Wagner mourut quatre ans plus tard, plusieurs chefs de grand talent formés par lui étaient à l'œuvre : Hans Richter, directeur de l'Opéra de Vienne et des Concerts Philharmoniques de 1875 à 1897; Hermann Levi, bientôt *general musikdirektor* à Munich; Felix Mottl, également grand berliozien; Anton Seidl, dont la renommée s'établira à New York; et surtout, bien qu'il eût rompu dramatiquement avec lui pour se faire l'apôtre de Brahms, Hans von Bulow, la personnalité musicale la plus populaire de l'Allemagne des années 1880.

Enfin, même si le Festival de Bayreuth n'échappera pas à «l'enfer du théâtre» que Wagner avait toute sa vie combattu, l'exemple de son créateur devait faire école, malgré la résistance des directeurs d'opéra, trop souvent préoccupés de prouesses vocales rentables.

Fraternellement réunis sur cette photo, les trois chefs préférés de Cosima, qui dominèrent les dix premières années du Festival de Bayreuth : de gauche à droite : Hermann Levi (1839-1900), l'interprète privilégié de *Parsifal*, Felix Mottl (1856-1911), renommé dans *Tristan et Isolde*, Hans Richter (1843-1916), le chef des *Maîtres Chanteurs*.

A. S.

« Le jour est proche où une tentative de suppression ou de persécution des concerts (si une telle chose était possible) rencontrerait les mêmes révoltes que la suppression ou la persécution d'un culte... leur cessation serait une catastrophe pour la vie moderne. »

Camille Mauclair,
La Religion de la musique, 1909

CHAPITRE III
CHEFS D'ORCHESTRE ET D'ENTREPRISE

Deux pionniers oubliés : Jules Pasdeloup (1819-1887) (à gauche) et Edouard Colonne (1838-1910), son rival heureux (ci-dessous), saisis en pleine action.

En moins d'un siècle, détrônant peu à peu l'opéra, les concerts sont devenus le principal foyer de propagation de ce qu'on appelle, à la Belle Epoque, la «musicomanie», en même temps qu'une institution artistique et mondaine très courue. Pour beaucoup d'amateurs, c'est désormais l'événement du dimanche. Si l'Italie, patrie du bel canto ne s'ouvre que lentement à la musique orchestrale, tous les pays occidentaux connaissent le même engouement. De nouveaux orchestres voient le jour, dont certains promis à un bel avenir : la Philharmonie de Berlin (1882), le Concertgebouw d'Amsterdam (1888), l'Orchestre symphonique de Boston (1881) et celui de Chicago (1891). Quand ce ne sont pas des théâtres, des palais d'exposition, voire des cirques, qui les abritent, de nouvelles salles, plus spacieuses, s'édifient pour satisfaire la demande d'un public plus nombreux.

Comme le XIXe siècle est à la fois l'âge d'or du capitalisme et de la philanthropie, cette diffusion croissante de la musique est souvent liée à des

“Le dimanche ce peuple ne va plus à la messe, il va au concert. Le soir, sous prétexte de vous offrir une tasse de thé, que font les idolâtres? Ils vous attirent dans un concert. De la conversation, de cet aimable goût qu'avaient nos pères de jouer à la raquette avec les idées, que reste-t-il? Absolument rien. Violons, pianos, violoncelles, altos ont expulsé l'esprit comme profane et irrévérencieux, et en son lieu et place règne, triomphe, se pavane la sacro-sainte musique!...”

Paul Bourget, *Etudes et Portraits*

Le *Messie* de Haendel remplit sans peine l'immense Crystal Palace de Londres.

préoccupations sociales qui lui assignent un rôle d'«agent civilisateur». Seuls ou associés à de généreux bienfaiteurs, plusieurs chefs d'orchestre en furent les pionniers, sur le modèle des bourgeois conquérants d'alors. C'est en France, en Angleterre et aux Etats-Unis, pays de culture libérale propice à l'initiative individuelle, qu'ils apparurent d'abord, plutôt que dans une Allemagne ou persistèrent longtemps les cadres sociaux de l'Ancien régime et où presque tous les orchestres, issus de chapelles princières, dépendaient des théâtres de cour.

Du quadrille à la symphonie

Hormis des manisfestations irrégulières, comme les concerts ou les festivals dirigés par un Berlioz, l'audience de la musique symphonique proprement dite, demeura assez limitée, en France comme ailleurs, pendant la première moitié du XIXe siècle.

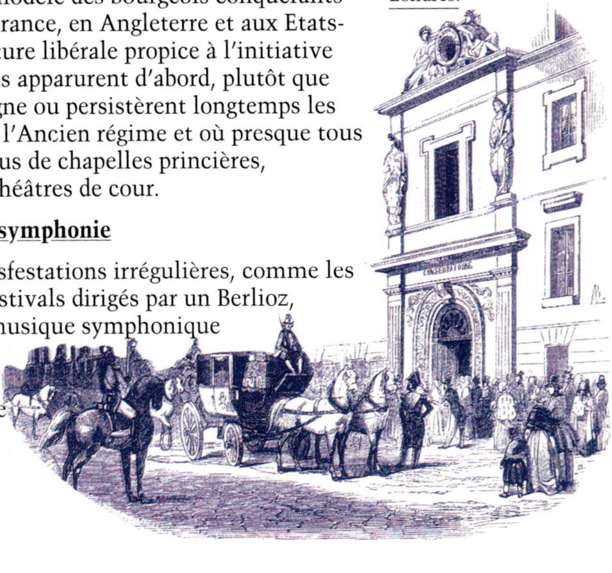

Elle ne débordait guère, à Paris, le public choisi des quelque neuf cents abonnés de la Société des Concerts du Conservatoire. Aussi est-ce par le biais du divertissement populaire alors le plus prisé : le bal, qu'elle commença à s'élargir, sous l'impulsion de deux vedettes de la vie parisienne pendant la Monarchie de Juillet : Philippe Musard, dit Napoléon Musard, et son émule Louis Adolphe Jullien.

L'été, dans les jardins des Champs-Elysées, sous une vaste tente, et l'hiver salle Valentino, Musard, à la tête d'environ quatre-vingt très bons musiciens, dirigeait avec panache quadrilles et galops qu'il entremêlait de pages à succès de Mozart, Beethoven, Auber, Rossini et Meyerbeer. Jullien reprit la formule au Jardin Turc avant de la transplanter avec succès en Angleterre, où elle donna naissance aux *Promenade concerts*, très vite renommés. Hommes de spectacle accomplis, l'un et l'autre furent sans doute, avant Nikisch, Stokowski et Leonard Bernstein, les premiers chefs dont la façon de diriger était à elle seule une attraction. On se pressait à leurs bals ou à leurs concerts, autant pour les voir officier que pour entendre l'orchestre ou danser. En gilet brodé, manchettes bouffantes, c'est après avoir passé des gants blancs, qu'entre deux quadrilles endiablés, Jullien, «le tsar des chefs d'orchestre», dirigeait un mouvement d'une symphonie de Beethoven, avec un bâton d'ivoire incrusté de diamants qu'on lui avait apporté sur un plateau d'argent.

Jules Pasdeloup, l'inventeur des concerts populaires

Qu'un large public fût capable d'apprécier la musique symphonique,

Musicien doué, homme orchestre (ci-dessous), Louis Jullien (1812-1860) voulait avant tout «distraire et détendre les masses» comme il le répétait à ceux qui lui reprochaient le pot-pourri de ses programmes : des concerts symphoniques à bas prix, entièrement «classiques», n'auraient eu aucun succès. Les temps n'étaient sans doute pas mûrs en Angleterre, où régnait l'oratorio, comme ils l'étaient en France lorsqu'en 1861 Jules Pasdeloup lança ses concerts populaires au Cirque d'Hiver, où on le voit ci-contre en train de faire répéter son orchestre, sous l'œil amusé des clowns.

le violoniste et chef d'orchestre Jules Pasdeloup (qui avait aussi tenu le tambour chez Musard) n'en doutait pas. Homme du second Empire, il avait cette confiance saint-simonienne dans le progrès qui imprégnait l'air du temps, et, en particulier, l'entourage de Napoléon III, où, régisseur du château de Saint-Cloud, il s'était fait d'utiles relations comme le baron Haussmann, lui même grand amateur de musique et surnommé pour cette raison «le baron mélomane». L'art et l'industrie devaient s'unir pour l'édification et le bonheur du plus grand nombre.

Mais ce nouveau public que pressentait Pasdeloup, il fallait le conquérir par des places à bas prix, donc très nombreuses. Il fallait aller le chercher où il vivait et travaillait, hors du Paris artistique et mondain : là-bas, dans les quartiers de l'Est, peuplés de petits bourgeois, d'artisans et d'ouvriers. D'où l'idée qu'a Pasdeloup en 1861, de tenter un grand coup, en louant le Cirque Napoléon – le futur Cirque d'Hiver –, édifié par Hitorff en 1852, Boulevard du Temple, le

L'ambition de Pasdeloup étant d'abord de «mettre les classiques à la portée de toutes les bourses», Mozart, Haydn, Beethoven et Mendelssohn dominèrent les programmes des Concerts populaires pendant plusieurs années. Mais en dépit de l'hostilité que le public du Cirque manifestait à l'égard des nouveautés, Pasdeloup lui imposa les premières exécutions à Paris d'œuvres de Schumann, Brahms et Tchaïkovski. D'abord pas trop mal reçu, Wagner, pour des raisons politiques liées à la guerre de 1870, déchaîna une vive opposition. «Dans cette salle transformée en champ clos, écrira Paul Dukas, rien n'était plus beau que l'attitude du bon Pasdeloup dirigeant imperturbablement, au milieu d'un ouragan de huées mêlées de sifflets et d'applaudissements, les partitions dont il s'entêtait à inculquer l'admiration à ses rétifs habitués.» Pasdeloup s'entêta avec succès. Mais son apostolat s'exerça aussi en faveur de la jeune école française – Saint-Saëns, Lalo, Massenet, Bizet, d'Indy – dont il fut le «père nourricier». Edouard Colonne, puis Charles Lamoureux prendront le relais.

Boulevard des théâtres alors en pleine rénovation. Sur les gradins, plutôt inconfortables, se répartissent cinq mille places vendues entre 75 centimes et 5 francs, alors que les prix à l'inaccessible Conservatoire s'échelonnent entre 2 et 12 francs. Grâce à l'appui d'Haussmann, l'administration, pendant l'été, a fait exécuter des travaux qui permettront d'alterner le cirque et la musique. Lorsque sonna l'heure du concert, le 27 octobre, dans l'air bientôt surchauffé, flottaient encore des odeurs de fauves, et les éléphants ponctuèrent de leurs barrissements le déroulement de la *Symphonie pastorale*...

«L'égalité des Français devant la musique»

Annoncé par de longues affiches rouges placardées dans tout Paris, ce «grand concert de musique

"Notre peuple a-t-il le goût instinctif des belles pensées et de la belle musique? Oui, puisqu'il préfère s'entasser sur les gradins du vaste amphithéâtre, s'y enfermer pendant des heures et dépenser ses petites économies de la semaine, plutôt que de s'en aller au bastingue ou à la guinguette, boire, jouer, gambader à la façon des singes du Jardin des Plantes."

La France musicale, novembre 1861

classique», à la surprise générale, remporta un triomphe : la foule avait pris d'assaut le Cirque Napoléon. «C'est une espèce de 1789 musical que Pasdeloup vient d'opérer en proclamant l'égalité des Français devant la musique», déclara la *Revue et Gazette musicale*. Toute la presse de l'époque retentit du succès «merveilleux», «colossal» de l'entreprise. Pasdeloup avait loué le Cirque pour six représentations, en risquant 100000 francs. A l'issue de la troisième, il avait suffisamment d'abonnés pour louer la salle à l'année en y donnant vingt-quatre concerts. Les Concerts populaires étaient nés, qui dureront jusqu'en 1884 en suscitant de nombreuses imitations en province et à l'étranger.

Colonne et Lamoureux : le grand duo dominical

Pasdeloup le défricheur finit par éveiller la concurrence. Et d'autant plus que ses qualités de chef étaient loin d'égaler son goût musical et sa hardiesse d'entrepreneur. Le public, qu'il avait éduqué, remarquait les imperfections des exécutions, aggravées par l'âge, et que critiques et musiciens ne se privaient pas de souligner.

Grâce aux dimensions de la salle du Châtelet (une des plus vastes de Paris), et donc au grand nombre de places à bon marché, Edouard Colonne perpétua la tradition des Concerts populaires. Un public de gens modestes et d'étudiants s'entassait dans les galeries peintes par Devambez (à gauche). Lorsque, montée à Paris, en 1892, Claudine (la Claudine de Colette et Willy) assiste pour la première fois à un concert, au Châtelet, c'est vers ces galeries d'en haut que Renaud, son oncle d'emprunt et futur mari, attire son attention : «Là-haut, lui explique-t-il, c'est tout ce qu'il y a de bien. Des anarchistes musiciens, des écrivains qui changeront la face du monde, et même des garçons bien gentils, sans le sou, qui aiment la musique.»

Edouard Colonne (ci-contre, par Léandre) se laissait souvent emporter par sa fougue naturelle : dans Berlioz surtout, où Willy le décrit «inspiré, tragique, épars, s'auréolant de mèches rebelles et nageant éperdument vers les choristes en agitant des bras de langouste épileptique».

Bordelais et d'abord violoniste comme son rival Colonne, mais moins impétueux que lui et plus précis, Lamoureux (ci-dessus et ci-contre) (1834-1899) ressemblait à «un boulet de canon monté sur un obus».

"Un grand chef, dira Pablo Casals, qui débuta à Paris sous sa direction en 1899. [...] Il ne transigeait pas avec les "à-peu-près", ni avec les mauvaises habitudes engendrées par la routine. [...] Son mordant était proverbial. Lors des répétitions de *Tristan,* le ténor ne prêtait aucune attention à ses observations. On recommençait une fois, deux fois, et la mauvaise volonté du chanteur devenait de plus en plus évidente... Alors Lamoureux, excédé, déposa la baguette sur le pupitre et se mit à crier : "Monsieur en tant que ténor, vous avez le droit d'être stupide, mais vraiment vous en abusez!""

D'où la percée rapide, à l'Odéon, d'abord, puis au Châtelet, du Concert National fondé en 1873 par Edouard Colonne. Un ancien des Concerts populaires d'ailleurs, dont il reprend les succès et copie souvent les initiatives avec un flair et un sens des affaires qui lui vaudront d'être surnommé «le chef qui ne bat jamais une mesure pour rien». Ainsi du retour à Berlioz, lancé par Pasdeloup, et qui va être sa providence et sa mine d'or, puisque la seule

Damnation de Faust sera l'œuvre la plus jouée de son répertoire : pas moins de cent soixante-dix fois entre 1877 et 1914 – sans compter les bis, très nombreux, qui prolongeaient parfois d'une bonne demi-heure la durée du concert!

Ces bis, pas plus que les manifestations intempestives d'enthousiasme ou de mécontentement n'étaient de mise chez Charles Lamoureux son principal rival depuis 1881. Du théâtre du Chateau d'eau, près de la future place de la République, celui-ci avait émigré sur les Champs-Elysées, au Cirque d'Eté, que fréquentait un public moins populaire, plus littéraire et artiste que celui du Châtelet, et qui communiait dans le culte du «Dieu Richard Wagner» dont Charles Lamoureux s'était fait l'ardent prosélyte.

Rapidement, la Société des Nouveaux-Concerts – les Concerts Lamoureux comme on les appela bientôt – subjugua amateurs et critiques par la perfection de ses exécutions. Elle tenait à la discipline quasi-militaire de l'excellente troupe instrumentale que Lamoureux, le «Patron», avait recrutée et entretenait avec les revenus qu'il tirait de l'invention de son beau-père, l'Eau dentifrice du Docteur Pierre. Les produits du négoce étayaient la prospérité de la symphonie, à une époque pré-«culturelle» où les établissements artistiques les plus remarquables ne recevaient que de maigres subsides des pouvoirs publics.

D'origine italienne, Michael Costa (1808-1884) (ci-dessous) disciplina à la baguette les musiciens londoniens. On le compara à Wellington.

L'Angleterre se réveille

Au même moment, l'Angleterre, où l'initiative privée était plus vivace, commençait à perdre la réputation de «pays sans musique» qu'on lui faisait volontiers sur le continent.

Depuis longtemps soumis aux contraintes du marché, les instrumentistes y étaient souvent de premier ordre, mais sans appartenir à des orchestres professionnels permanents.

Le premier à fonctionner sur cette base fut fondé en 1858, à Manchester, la riche métropole industrielle et commerciale du Nord, par Charles Hallé, un musicien d'origine allemande, ami de Mendelssohn, et de Berlioz qu'il contribua beaucoup à faire apprécier des Britanniques. L'orchestre qu'il dirigea pendant près de quarante ans, et qui prit son nom, acquit rapidement une belle renommée. Au point qu'après la disparition de son fondateur en 1895, la succession fut assurée par rien moins que Hans Richter, le directeur de la Philharmonie de Vienne, connu comme le grand interprète de Wagner, Beethoven et Brahms.

Successeur de Charles Hallé (1819-1895) (ci-dessus), Hans Richter (ci-dessous) dirigera également l'Orchestre symphonique de Londres dont il fut le premier chef invité.

Sous la direction de Hans Richter, puis de Hamilton Harty, l'orchestre Hallé devint un des meilleurs d'Angleterre. Mais la crise des années trente puis la guerre faillirent entraîner sa disparition. Réorganisé en 1943 par John Barbirolli (1891-1970), l'orchestre reprit bientôt son rang en se distinguant dans le répertoire postromantique (Bruckner, Mahler, Sibélius) et la musique anglaise (Elgar, Vaughan Williams). On le voit ci-dessus en train de répéter au Free Trade Hall de Manchester, sous la baguette de Stanislas Skrowaczewski, qui le dirige depuis 1984.

Naissance des Proms

Dans un pays où la musique symphonique était marginalisée par la domination de l'oratorio, Hallé avait fait la preuve qu'elle pouvait trouver un public fidèle. Ce que confirma avec éclat, trois mois à peine avant sa mort, la renaissance à Londres des Promenades Concerts qui, depuis les triomphes de Jullien n'avaient qu'une existence intermittente. Mais cette fois, plus de quadrilles ni de galops. La musique sérieuse devait constituer l'essentiel de programmes destinés à éduquer le grand public, au cours de concerts à bas prix donnés pendant les mois d'été.

Ainsi l'entendait leur promoteur, l'homme d'affaires mélomane, Robert Newman qui venait d'édifier dans ce but le Queen's Hall, une vaste salle de deux mille cinq cents places. *Promenade* Concerts, puisque les fauteuils d'orchestre étant enlevés pendant l'été, le public debout, et donc plus nombreux, pouvait entrer et sortir à son gré et déambuler autour d'une grande fontaine qui mêlait discrètement à la musique le contrepoint rafraîchissant de son ruissellement.

Autre coup d'audace : alors que de Mendelssohn à Charles Hallé, la direction d'orchestre passait Outre-

Au cours des cinquante saisons consécutives des Proms qu'il dirigea – au rythme de six concerts par semaine pendant dix semaines –, Henry Wood (1864-1944) ne se contenta pas d'interpréter les «classiques» du répertoire. Un nombre considérable d'œuvres nouvelles furent données au Queen's Hall de Londres, et souvent pour la première fois en Angleterre : de Strauss à Webern en passant par Scriabine, Rachmaninov, Mahler, Schoënberg, Ravel, Bartok et Stravinski.

Manche pour une spécialité étrangère, Newman a engagé un jeune musicien anglais de vingt-sept ans, Henry Wood. «Avec un bon orchestre, lui dit-il, vous deviendrez un grand chef». De 1895 à sa mort en 1944, Henry Wood sera le héros infatigable des Promenades Concerts – les *Proms* qui lui survivront brillamment. Si d'autres chefs réputés s'y produisirent comme Lamoureux, Colonne, Nikisch et Weingartner, longtemps Henry Wood régna seul sur son orchestre, jusqu'à ce que la B.B.C. le prît en charge en 1927.

Beecham, le mécène

Entre-temps, encourageant le renouveau d'une école nationale qui, de Elgar à Britten, allait affirmer sa vigueur et son originalité, la vie musicale britannique était entrée en effervescence, sous l'impulsion notamment de celui qui devait en être le principal animateur pendant plus d'un demi-siècle :

Des Proms de Jullien (à gauche) à celles d'aujourd'hui, l'atmosphère n'a guère changé. Elle est particulièrement chaleureuse lors du dernier concert de la saison, la fameuse *Last Night of the Proms,* que l'on voit dirigée ci-dessus par Colin Davis en 1968. La soirée se termine généralement sur des pages de musique anglaise populaire que la salle reprend en chœur avec un mélange très britannique de ferveur et d'humour.

Sir Thomas Beecham, peut-être l'un des derniers excentriques que l'Angleterre ait produits. Un de ses derniers mécènes également, puisque, grâce à la prospère fabrique familiale de pilules laxatives (les fameuses «Beecham pills»), Sir Thomas put engloutir des fortunes dans le financement de mémorables saisons d'opéra à Covent Garden, et surtout dans la fondation, l'entretien et le sauvetage de plusieurs orchestres, dont deux, toujours actifs, le London Philharmonic et le Royal Philharmonic comptent parmi les meilleurs d'Europe. Après Lamoureux, l'alliance de la pharmacie et de la musique se révélait donc de nouveau très heureuse.

A la fois chef d'orchestre, homme d'affaires, régisseur, impresario : ces rôles, lui qui avait aussi rêvé d'être acteur ou diplomate, Beecham les joua en comédien consommé. Mêlant Falstaff à Dorian Gray, gourmet, capricieux, virtuose de l'humour jusqu'à la férocité, affectant volontiers l'amateurisme cher à ses compatriotes, il ne considérait pas la musique comme une vocation exclusive ni comme une religion. Il l'aimait et la pratiquait pour le plaisir ; elle ne l'intéressait que si elle aiguisait «le goût de vivre». D'où son attachement à la musique française, sa prédilection pour Haydn qu'il fut le premier à remettre à l'honneur; sa passion, enfin, pour Mozart

Beecham (1879-1961) était célèbre pour ses mots et ses boutades :

“Les Anglais n'aiment peut-être pas la musique mais ils adorent le bruit qu'elle fait.»
«Quand allons-nous donc nous délivrer de l'hégémonie des trois plus grands raseurs de l'histoire de la musique? Je veux parler, bien entendu, de Bach, Beethoven, et Brahms!»
«Je donnerais tous les Concertos brandebourgeois de Bach pour la *Manon* de Massenet, et je pense que je gagnerais beaucoup au change.»
«Si je ne peux pas chanter une œuvre, je ne la dirige pas”

dont l'œuvre lui paraissait marquer un moment unique et insurpassable de la culture européenne.

Théodore Thomas et l'orchestre symphonique américain

C'est aux Etats-Unis cependant que le chef entrepreneur trouva son terrain d'élection, en raison d'une caractéristique de la vie américaine que Tocqueville avait beaucoup admirée en 1831 : la capacité des Américains de s'unir et d'agir au sein d'associations. La musique ne pouvait qu'en profiter lorsque, peu à peu, les énergies de la jeune République se tournèrent vers les arts.

En l'absence d'une tradition de l'opéra que la culture protestante volontiers puritaine n'encourageait pas, l'Amérique devint un pays d'orchestres; d'autant plus aisément que depuis 1848 les émigrés allemands y étaient nombreux, en particulier les musiciens. L'un deux, Théodore Thomas, joua un rôle décisif qui lui valut le titre de père de l'orchestre symphonique américain.

Violoniste, membre de la Société Philharmonique de New York, mais impatient de l'amateurisme dont elle faisait preuve, Thomas fonda en 1864 son propre orchestre, garantissant pour la première fois

“Si j'étais dictateur, disait Beecham en 1937, j'obligerais tous les habitants âgés de quatre à quatre-vingts ans à écouter du Mozart au moins un quart d'heure chaque jour pendant les cinq ans qui viennent.”

aux Etats-Unis, un engagement à l'année à ses musiciens. Au début, les programmes offraient surtout de la musique légère, mêlée de pages de Mozart et de Beethoven. Mais le peuple américain méritait de plus substantielles nourritures : il suffisait de le conquérir. Et Thomas se lança dans de grandes tournées, bientôt fameuses, à travers tout le pays : de la Nouvelle-Angleterre à la Nouvelle Orléans, et jusqu'à la côte Pacifique, donnant en dix ans douze-cents concerts partout où c'était possible : dans les gares, les parcs, les théâtres, les salles de bal et les églises. Thomas prêchait la musique comme d'autres l'Evangile. Pourtant lorsqu'en 1890, un riche homme d'affaires de Chicago lui proposa d'y former un orchestre permanent, il n'hésita pas : «J'irais jusqu'en enfer, dit-il, pour avoir un tel orchestre.» L'orchestre de Chicago naquit l'année suivante, et Thomas en fit despotiquement une phalange remarquable. Lorsque Richard Strauss vint en 1902 diriger *Ainsi parlait Zarathoustra,* sa virtuosité l'étonna : une répétition suffit.

Influencé par l'apostolat de Thomas, Boston avait précédé Chicago de dix ans, New York suivit, puis Saint-Louis, Cincinnati et Philadelphie que Stokowski portera au premier rang. Partout, en même temps qu'universités, bibliothèques et musées, des orchestres apparaissaient nés de la rencontre entre une élite de la richesse, des associations bénévoles et des chefs énergiques, tous partageant une même ambition civique.

Autoritaire et obstiné, Théodore Thomas (1835-1905) (ci-dessous, à gauche et à droite) ne faisait aucune concession à la presse – qui le lui rendait au centuple – et guère plus au public. Comme on s'étonnait qu'il inscrivit du Brahms à ses programmes alors que sa musique ne plaisait pas : «J'en dirigerai, jusqu'à ce qu'elle leur plaise», répondit-il. Sans égards pour les solistes, même renommés, un jour que la chanteuse Adelina Patti voulait interpréter une œuvre à sa façon, il l'interrompit : «Excusez-moi Madame, ici c'est *moi* la prima donna.»

Ansermet l'éducateur

Cette conjonction était (et demeure) rare en Europe. On peut cependant citer au moins un exemple de brillante réussite : l'Orchestre de la Suisse romande fondé en 1918 par Ernest Ansermet avec le concours d'un comité de mélomanes de Genève, Lausanne, Neuchâtel, Vevey et Montreux, et l'aide de quelques mécènes généreux.

L'orchestre de Chicago commença par se produire dans l'Auditorium construit en 1889 par le célèbre architecte Louis Sullivan (et sur la scène duquel on le voit ci-dessus en 1891). Mais destinée d'abord à l'opéra, cette salle de 4800 places était trop vaste pour les concerts; et Thomas n'eut de cesse qu'une autre fût édifiée : Orchestra Hall, de 2500 places, et très vite réputée pour son acoustique : «Nous sommes désormais dans la même salle que le public», remarqua-t-il lorsqu'il l'inaugura en 1904, peu de temps avant sa mort.

Alors directeur musical, depuis 1915, de la prestigieuse troupe des Ballets russes – avec laquelle il créa notamment *Parade* de Satie, le *Tricorne* de Falla, *Pulcinella* et *Noces* de Stravinsky – Ansermet n'hésita pas à mettre sa réputation au service de cette entreprise apparemment irréaliste. «Vous êtes fou de rentrer à Genève, lui avait dit un collègue étranger. Sachez qu'on ne peut espérer entretenir un orchestre de qualité dans une ville de moins de 500000 habitants». Ansermet fît mieux qu'espérer. Triomphant de l'esprit de clocher et des difficultés économiques de l'entre deux-guerres, il parvint à créer un instrument de culture qui transforma profondément le climat artistique de la Suisse romande. L'audience de l'orchestre s'étendit au-delà de son cadre d'origine, lorsque la radio prit le relais en 1923 ; puis elle devint internationale après 1945 avec le disque et les tournées à l'étranger qui le menèrent jusqu'aux Etats-Unis et au Japon.

Ami de Stravinsky, Ravel, et Honegger, Ansermet s'attachait particulièrement à faire connaître la musique de son temps. Sur les 1 282 œuvres inscrites à son répertoire entre 1918 et 1967, 534 appartenaient à la musique contemporaine; et lorsqu'elles étaient données en première audition, il les faisait précéder d'une répétition publique commentée. Fidèle à l'esprit des pionniers du XIXe siècle, qui se perpétue de nos jours aux Etats-Unis, Ansermet considérait que le chef avait une mission éducative à remplir à l'égard de la communauté – ville ou région – dont son orchestre se devait d'être un des plus beaux fleurons.

«Le geste du chef d'orchestre ne peut être appris, pas davantage qu'un geste de colère ou d'amour. Il ne sera efficace que s'il est organique, c'est à dire personnel. C'est pourquoi il est si divers, et si difficile – pour ne pas dire impossible – à juger du dehors.»
Ernest Ansermet, 1943

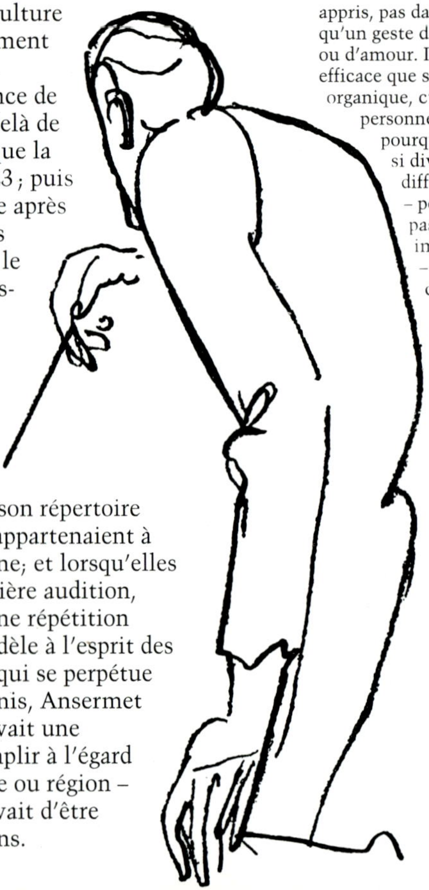

« Quand j'ai commencé à scandaliser le monde musical par mes péchés, régnait la calamité des «rondos» des primas donnas ; de nos jours règne la tyrannie des chefs d'orchestre ! Aïe, aïe, aïe ! Nous allons de mal en pis ! »

Giuseppe Verdi,
à Giulio Ricordi, le 18 mars 1899

CHAPITRE IV

LE SACRE DU CHEF D'ORCHESTRE

L'hostilité de Verdi (à gauche) visait les chefs «créateurs» comme Arthur Nikisch (à droite), lequel, également pianiste, fut un bon accompagnateur.

Le succès des concerts entraîne la construction de salles plus vastes : la Grosser Musikvereinssaal de Vienne, avec 1 700 places en 1869, le nouveau Gewandhaus de Leipzig en 1884 (ci-dessus, détruit en 1944) avec 1 600 places, alors que l'ancien, où dirigeait Mendelssohn en comptait à peine 600. Dotées d'une excellente acoustique, ces deux salles servirent de modèle au Symphony Hall de Boston (2 600 places) édifié en 1900. Entre-temps, le Concertgebouw d'Amsterdam et Carnegie Hall à New York auront vu le jour en 1888 et 1891.

A l'aube de notre siècle, le chef d'orchestre a supplanté ses prédécesseurs dans le vedettariat musical : la diva orageuse et les rois du clavier ou de l'archet. Comme la musique est de plus en plus dominée par le genre symphonique où brille le génie de l'Allemagne et que, simultanément, l'œuvre de Wagner règne sur les théâtres et les salles de concerts, ce sont surtout des chefs allemands qui bénéficient de cette adulation grandissante.

Bülow, le premier grand chef professionnel

Au premier rang, Hans Richter, Hermann Lévi et Felix Mottl, le trio wagnérien, jouissent du prestige de Bayreuth où ils se produisent régulièrement dans les années 1880-1890. Mais aucun n'égale en popularité Hans von Bülow.

D'abord pianiste, disciple de Liszt, puis formé par Wagner dans les années 1850 – «Je ne suis que sa baguette», disait-il alors –, Bülow avait dirigé les premières mémorables de *Tristan* et des *Maîtres chanteurs* à Munich, en 1865 et 1868, avant de s'éloigner du Maître que sa femme Cosima lui

préférait, et de reprendre quelque temps avec succès la carrière de concertiste. De retour au pupitre de direction, de 1880 à 1885, il transforma le modeste orchestre du duché de Meiningen, composé de quarante-neuf instrumentistes, en un ensemble d'une homogénéité et d'une musicalité remarquables, et dont les tournées à travers l'Allemagne firent sensation. La Philharmonie de Berlin lui dût ensuite d'acquérir la réputation qu'elle ne devait plus jamais perdre.

Tyrannique, fantasque, Bülow avait des caprices de prima donna : comme de passer des gants noirs avant d'attaquer la Marche funèbre de la *Symphonie héroïque*, ou de donner un jour deux fois de suite la *Neuvième* au cours du même concert.

Aimant à surprendre et même choquer ses auditoires par des harangues esthético-politiques, il était également célèbre pour ses réparties et ses mots : «Un ténor n'est pas un homme mais une maladie», disait-il, et à l'intention de ses collègues : «Il faut avoir la partition dans la tête et non la tête dans la partition».

“Celui qui a entendu une seule fois Bulow jouer Beethoven ou diriger Wagner, qui a assisté à une de ses leçons de piano ou à une répétition d'orchestre, n'a pu que le considérer comme le modèle de l'interprète idéal.”

Richard Strauss, 1909

Mahler et l'âge d'or de l'Opéra de Vienne

Bülow exerça une grande influence, en particulier sur Gustav Mahler et Richard Strauss qui perpétuaient avec éclat la tradition du compositeur chef d'orchestre.

Après un apprentissage classique dans les opéras de province, Mahler accéda, via Budapest et Hambourg, à la direction de l'Opéra de Vienne où, de 1897 à 1907, il dirigea une sorte de «festival permanent». Parti, comme Wagner, de la fosse d'orchestre à la conquête de la scène pour réaliser l'unité sonore et visuelle d'un spectacle total, son originalité fut sans doute d'étendre cette conception à l'ensemble du répertoire, aux opéras de Mozart notamment, qu'il délivra de l'académisme habituel et du «mensonge du joli» cher aux Viennois. – Non sans prendre parfois quelques libertés avec le livret ou la partition lorsque le résultat lui paraissait manquer de clarté, comme il le faisait également dans les symphonies de Beethoven et de Schumann. Car Mahler n'était pas moins à l'aise dans le répertoire symphonique auquel appartient l'essentiel de son œuvre et dont il fut le premier défenseur : de grandes fresques orchestrales, luxuriantes et pathétiques, rythmées par le geste du chef et destinées à le mettre en valeur.

« Jamais je n'avais rêvé que par un seul geste impérieux, il fût possible d'inspirer aux autres une terreur inquiète et de les forcer à une obéissance aveugle. »
B. Walter, *Gustave Mahler,* 1936

Strauss et le retour à Mozart

Ayant débuté comme assistant de Bülow à Meiningen, c'est aussi en étant son propre interprète que Strauss s'illustra souvent au

“L'exécution est plus précise si le chef dirige avec le poignet; car lorsque tout le bras se met de la partie – en affectant une sorte de mouvement de levier dont on ne voit jamais la fin –, l'orchestre est paralysé et induit en erreur s'il ne prend d'abord la précaution de se débrouiller tout seul et de faire de la musique sans trop se soucier des gesticulations du «pantin». Quant à la main gauche, sa place se trouve dans la poche du gilet; elle fera au plus, de temps à autre, un léger signe de modération, remplacé d'ailleurs avantageusement par un imperceptible clin d'œil.”

Richard Strauss, 1949 (à gauche et ci-dessous)

cours d'une brillante carrière : de Weimar à Vienne, en passant par Berlin et Munich, sa ville natale, où il œuvra à la renaissance mozartienne qui gagna ensuite Vienne, Paris et Londres.

En 1896, au cours du Festival Mozart lancé l'année précédente, il y donnait un *Don Giovanni* débarrassé des pompes du grand opéra qui le défiguraient depuis le début du siècle, et interprété exactement d'après la partition originale. Un retour aux sources, à l'«authenticité», souligné par les récitafifs que Strauss improvisa au piano-épinette, et qui furent une des attractions du spectacle.

Ils le seront encore plus, lors du festival suivant qui vit, toujours sous la direction de Strauss, la résurrection de *Cosi fan tutte* que l'«immoralité» et l'«invraisemblance» de son livret avaient condamné à l'oubli. Sous l'influence de Mozart, le compositeur, s'affranchissant d'un romantisme exaspéré, se tournera de plus en plus, à partir du *Chevalier à la rose*, vers le XVIIIe siècle, comme vers un paradis perdu, tandis que le style du chef d'orchestre d'abord «nerveux et trépident» s'épurera jusqu'à une quasi impassabilité légendaire.

L'ensorcelant Nikisch

Mais le véritable héritier de Bülow fut Arthur Nikisch – le premier chef sans doute que la critique qualifia d'«ensorcelant» et de «magnétique».

Passant de l'opéra de Leipzig à l'orchestre symphonique de Boston, puis de l'opéra de Budapest à la Philharmonie de Berlin et au Gewandhaus de Leipzig, Nikisch collectionna les postes prestigieux où son charme de dandy fin de siècle opérait souverainement. Plusieurs années passées comme violoniste d'orchestre lui avaient permis de bien connaître la psychologie des instrumentistes. «Il lui suffisait de nous *regarder*, souvent sans presque remuer sa baguette, dira un musicien, et nous jouions comme des possédés».

Doué d'une capacité rare à faire chanter un orchestre même médiocre, Nikisch se voulait un interprète recréateur dans la lignée de Wagner, sous la direction duquel il avait joué et qui lui laissa une impression inoubliable. Comme lui, plutôt que battre la mesure, il préférait dessiner des phrases, avec une grande souplesse de tempo et de rythme, sans toujours reculer devant certaines libertés qui lui valurent le reproche d'affectation et de maniérisme.«M. Nikisch est un virtuose incomparable, écrivait Debussy en 1901; il apparaît même que sa virtuosité lui fait oublier ce qu'on doit au bon goût.»

Konzert-Direktion Hermann Wolff und Jules Sachs, Berlin W 9

PHILHARMONIE

Montag, den 15. März 1920, abends 7 Uhr pünktlich

KONZERT

zum Besten des Pensionsfonds

des

Berliner Philharmonischen Orchesters

unter gütiger Leitung von

Arthur Nikisch

unter gütiger Mitwirkung des

Bruno Kittel'schen Chores

Soli:

Lotte Leonard (Sopran), Hilde Ellger (Alt), Walther Kirchhoff (Ten.), Wilhelm Guttmann (Bariton)

Beethoven-Abend

1. Ouvertüre zu „Egmont"
2. Symphonie Nr. IX d-moll, op. 125, mit Schlusschor über Schillers Ode „An die Freude"

Allegro ma non troppo un poco maestoso
Molto vivace
Adagio molto e cantabile
Finale

Während der Vorträge bleiben die Saaltüren geschlossen.

«Nikisch avait des mains splendides et montrait toujours une partie de ses manchettes – le noir de sa queue de pie et le blanc de ses manchettes, cela faisait un effet foudroyant! [...] C'était un charmeur professionnel. La première fois qu'il se présentait devant un orchestre, il saluait un musicien qu'il n'avait sans doute jamais vu de sa vie : "Ah, *grüß Gott*, cher ami, comment allez-vous? Il y a si longtemps que nous ne nous sommes vus!" Tout l'orchestre éclatait de rire. Il passait souvent toute la nuit à jouer au poker; mais apparemment ne s'en portait pas plus mal.»

Otto Klemperer,
Entretiens avec Peter Heyworth, 1973

Weingartner le puriste

Le «bon goût» trouva son champion en Felix Weingartner qui, au nom de la fidélité aux œuvres, lutta par la baguette et par la plume contre les excès nés, à ses yeux, d'une lecture outrée de Wagner et de l'exemple de Bülow. «Ce qu'il a fait pour maintenir la dignité et la pureté du style classique ne sera jamais oublié», dira Furtwängler.

Il fut très vite considéré comme *le* chef des symphonies de Beethoven, et le livre qu'il consacra à leur interprétation devait longtemps faire autorité, de même que les nombreux enregistrements de ces œuvres qu'il grava dans l'entre-deux-guerres. La rigueur, la fougue contrôlée et la précision qu'on lui reconnaissait étant les qualités que Berlioz jugeait nécessaires pour «bien rendre» sa musique, rien d'étonnant si Weingartner fut aussi un de ses meilleurs interprètes. C'est à lui qu'en 1913, Gabriel Astruc demanda de diriger *Benvenuto Cellini* lors du gala d'ouverture du Théâtre des Champs-Elysées. Weingartner était alors le chef étranger le plus souvent invité à Paris et le plus apprécié du public et de la critique.

Car la renommée des chefs s'étendait désormais au-delà des frontières : ils voyageaient.

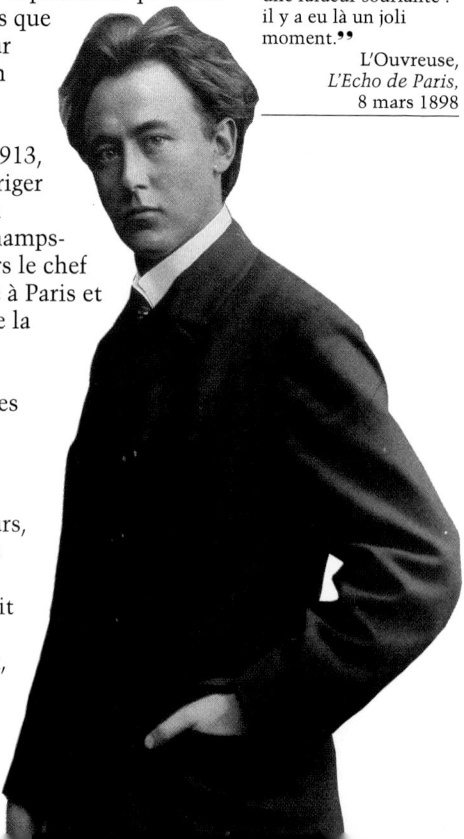

La consécration du voyage

Injustement oubliés de nos jours, les chefs français ne furent pas les derniers à se mettre en mouvement. Si Pasdeloup ne fit qu'une pâle apparition en Angleterre, ses heureux rivaux, Colonne et Lamoureux, ne tardèrent pas à sillonner l'Europe en tout sens : de Londres à Saint-Petersbourg

«L'air d'un *student* werthérien, avec ses tiffes romantiques, et la *Gemütlichkeit* de son sourire, Weingartner, par sa mimique abondante et saccadée, par son intelligence, par son exotisme aussi, électrise le public [...] Après l'exécution de la *Symphonie en la*, une immense acclamation a retenti; tout l'orchestre s'est levé; Weingartner, livide, échevelé, saluait avec une raideur souriante : il y a eu là un joli moment.»

L'Ouvreuse, *L'Echo de Paris*, 8 mars 1898

LES QUATRE-VINGTS MUSICIENS DE L'ASSOCIATION DES CONCERTS-LAMOUREUX
sur le quai de départ de la gare du Nord

A TOURNÉE DE L'ORCHESTRE LAMOUREUX

en passant par Amsterdam, Milan et l'Allemagne.

Invité en même temps que Henry Wood, Felix Weingartner et Richard Strauss, Edouard Colonne franchit même l'Atlantique, en 1903 et 1904, pour se produire à Carnegie Hall, et faire applaudir à Boston *La Damnation de Faust*, son œuvre fétiche. Ces nouveaux ambassadeurs de la musique ne se déplacent pas toujours seuls. C'est à la tête de son orchestre qu'en 1901, Colonne effectue une grande tournée Outre-Rhin; et Charles Lamoureux visite régulièrement la Belgique, la Hollande et l'Angleterre avec ses cent musiciens.

La plupart de ces déplacements étant des échanges, Paris, alors la capitale artistique de l'Europe, devient le rendez-vous des chefs d'orchestre. Ils sont russes, anglais, italiens, allemands surtout, autrichiens ou assimilés. Parmi les plus assidus, outre Weingartner figurent Hans Richter, Hermann Levi, Felix Mottl, Richard Strauss et Nikisch. Eux-aussi voyagent parfois avec leurs musiciens : Nikisch et la Philharmonie de Berlin dès 1897, Mahler et la Philharmonie de Vienne lors de l'Exposition universelle de 1900, en 1907 Willem Mengelberg et le Concertgebouw d'Amsterdam, et en 1910 Toscanini et la troupe du Metropolitan Opera de New York.

Le dimanche 2 octobre 1904, à sept heures et demie du matin sur le quai de la Gare du Nord, l'orchestre Lamoureux, sous la direction de Camille Chevillard, gendre et successeur du fondateur, s'apprête à partir en tournée à travers la Belgique et l'Allemagne. En moins d'un mois, il donnera, avec un vif succès, dix-sept concerts, de Bruxelles à Reims, en passant par Anvers, Liège, Gand, Cologne, Dusseldorf, Brême, Eberfeld, Leipzig, Dresde, Mannheim, Francfort, Hambourg, Berlin et Strasbourg.

Deux ans plus tard, Nikisch dirigera la première tournée d'un orchestre européen aux Etats-Unis, l'Orchestre symphonique de Londres.

Des interprètes à part entière

Déjà Weber, Mendelssohn, Berlioz et Wagner avaient été de grands voyageurs, mais souvent contre leur gré, pour répandre leurs œuvres et s'assurer les moyens de composer; ce que font aussi Tchaïkovski, Mahler, Richard Strauss et Debussy. Les chefs professionnels, eux, se déplacent pour faire connaître moins des œuvres que des interprétations. De plus en plus souple et discipliné, l'orchestre est désormais, à l'égal de la voix, du piano ou du violon, un instrument dont ils jouent à leur gré. Et, non sans surprise parfois, le public découvre que le répertoire symphonique peut, lui aussi, sous des baguettes différentes, révéler une variété de nuances et de couleurs que les traditions locales ne laissaient pas toujours soupçonner.

«Le chef d'orchestre aurait-il donc le droit d'apporter, même aux œuvres consacrées, l'apport de ses dons personnels d'exécution, de sa pénétration et de sa fantaisie? demande Paul Dukas en 1898. Je n'en ai jamais douté pour ma part, et je ne vois pas sur quoi l'on se baserait pour ne pas exiger de lui ce qu'on exige de tout interprète : comprendre la pensée et les intentions du maître et vous les rendre sensibles par l'intermédiaire de sa propre originalité. C'est à cette seule condition qu'une exécution peut être vivante et émouvante.»

Une pantomime inspirée

Chaque année, l'arrivée des baguettes étrangères suscite une floraison de gloses et de commentaires; signe que l'histoire de la musique est en passe de devenir, peu à peu, celle surtout des interprètes, et la critique, une interprétation de

Face à l'orchestre, Debussy (ci-dessous) était presque aussi intimidé et gauche que Schumann. «On se sent vraiment le cœur de sa propre musique», disait-il, après avoir, pour la première fois «joué au chef d'orchestre» dans *La Mer*, en janvier 1908; mais quelques années plus tard, venant de diriger *Images*, il confiait avec humour : «Je vous assure bien qu'au *presto* de la fin, j'ai toujours froid dans le dos, et que si les musiciens ne s'arrêtaient pas d'eux-mêmes, ce n'est pas moi qui pourrais les y obliger.»

l'interprétation. Particulièrement propices à cet exercice, les symphonies de Beethoven font l'objet d'une véritable compétition entre chefs. Au point que, en 1899, l'«Ouvreuse » de Willy se divertit du «Championnat de la Symphonie en *la*» (la Septième), au cours duquel, devant «une foule enfiévrée», tour à tour Weingartner, Mottl, Strauss, Lamoureux, et son gendre Chevillard ont «matché pour décrocher la timbale beethovénienne». Chacun rivalisant de nuances et de tempi différents, aucun ne faisant sonner l'œuvre de la même façon. Mais tous dirigeant sans partition et avec une présence physique souvent spectaculaire. Ces deux traits qu'amateurs et critiques tenaient au début du siècle pour un manque de respect à l'égard des musiciens, passent désormais pour les indispensables attributs du dernier né des virtuoses. La mèche tourmentée de Nikisch et ses longues manchettes éclatantes hypnotisent les «belles écouteuses», autant que les «vibrations électriques» des mains de Richard Strauss. Aussi étonnante que sa mémoire, la pantomime de Weingartner est analysée avec la précision qui s'attache d'ordinaire aux figures de ballet et aux passes d'escrime. On y voit même une forme nouvelle d'expression dramatique qui aide à la compréhension des œuvres. Acteur, le chef d'orchestre l'était devenu, mais pour être plus efficacement l'intercesseur d'un art qui depuis le début du siècle n'a cessé de raffiner ses pouvoirs et d'étendre sa domination sur un public lui aussi de plus en plus discipliné et subjugué.

«Le chef d'orchestre traduit la musique par une pantomime stricte de grand comédien, reçoit les coups dans le creux de l'estomac, cueille une note, fait "chut!" un doigt sur les lèvres, fonce, danse un pas, barre l'horizon avec son bâton piqué, laisse tomber ses bras : c'est fini!»

Jules Renard, *Journal*, 28 février 1907

Acteur, dompteur, grand prêtre

«Métier sacré que celui de chef d'orchestre», dira Valéry, évoquant le culte de la «grandiose musique» qu'il célébrait dans sa jeunesse, au Cirque d'Eté, en compagnie de Mallarmé et de ses suivants. Ensorcelés ou simplement intimidés, musiciens et mélomanes ont fini par devenir terriblement sérieux, comme si leur art, de simple combinaison de sons agréables pour l'oreille, était devenu «la dernière prière», selon les mots du critique Camille Mauclair, dans un livre d'alors, au titre significatif, *La Religion de la musique*.

Héritière nerveuse et aérienne du rustique bâton des *kapellmeister*, de la canne impérieuse de Lully, la baguette du chef d'orchestre déchaîne, dans des salles de plus en plus vastes, «les énergies latentes de la métaphysique qui ne veut pas mourir et qui, n'étant plus crue sur parole, s'est faite sonorité pour recommencer la conquête des âmes».

«Le vaisseau sonore se peuple, on entend la rumeur sourde d'une mer [...], des essais de mélodie brusquement interrompus, le murmure se fait grondement, puis enfin vocifère pour se briser d'un geste, s'annuler au silence lourd : l'homme seul debout, dompteur, est apparu, le claquement minime du bâton au pupitre apaise le rugissement fauve et douloureux de l'orchestre qui s'accordait. [...]

L'électricité nerveuse étreint cette foule. Un fil invisible la relie au bâton du chef, il fait mouvoir à son gré tous ces pantins, comme il fait mouvoir d'un clin d'œil, d'un geste imperceptible des doigts, des masses orchestrales qui se déchaînent ou se taisent à l'instant.[...] Jamais despote n'a été obéi avec cette ferveur[...]. Cet homme joue directement sur les nerfs de deux mille autres créatures avec autant de sûreté qu'un fil voltaïque faisant tressaillir un muscle. Et parfois, il conjure, et tantôt il appelle, lutte, déchaîne, apaise, proteste, rassure ou effraie son peuple, comme suppliant avec ses mains caressantes, l'Etre de ne pas surgir de sa ténèbre pour apparaître, effarant, aux yeux de la foule qui, loin derrière lui, dans la salle, assiste à ce débat d'un prêtre avec son dogme ».

❝La "pantomime" du chef, qui doit être la traduction fidèle du langage des sons exprimés, est jugée de bien des manières. Les maîtres d'armes, de boxe, les jongleurs, les amateurs d'escrime se passionnent volontiers pour le batteur de mesure qui paraît posséder les secrets d'une *botte* portée ou parée, et semble toujours prêt à asséner un vigoureux coup de poing ou à "casser son violon" sur la tête des exécutants à la moindre erreur de leur part. Les dilettantes éclairés aiment, au contraire, à reconnaître dans les mouvements du chef d'orchestre l'expression vraie des sentiments qu'ils éprouvent par l'exécution. Ces vrais connaisseurs considèrent, avec juste raison, le rôle muet du chef d'orchestre comme étant, à la partie musicale, ce que pour l'acteur sont les jeux de scène, de physionomie, les gestes, la tenue, le silence même, enfin, tous les moyens naturels qui viennent en aide à la transmission des sentiments exprimés.❞

G. Deldevez
L'Art du chef d'orchestre
1878

Le jour du concert

“C’est un jour de fête dont les préliminaires immédiats sont parfois excédants [...]. Il y a l’ami qui se croit intime et qui vous retient au dernier moment par le pan de votre “frac” pour vous supplier de lui trouver une place; il y a le cor ou le trombone solo qui tombent subitement malades et se font remplacer à l’ultime seconde; il y a l’éventuel soliste paralysé par le trac, qui, effondré au fond de sa loge, articule d’une voix faible : “Non, c’est décidé, je ne jouerai pas ce soir.” Et puis, il a fallu se mettre en habit [...]. Et les embêtements vestimentaires peuvent fâcheusement influencer un artiste superstitieux [...]. Il existe aussi des chefs qui n’oseront jamais pénétrer sur une estrade s’ils ont dû gravir treize marches pour y accéder [...]. Mais tout s’efface quand vous vous élancez sur le sentier sinueux tracé entre les pupitres des musiciens [...]. La lumière, les conversations du public, les murmures de l’orchestre s’éteignent. C’est le silence profond, net et pur, qui prélude à l’entrée de la musique.”

Charles Munch,
Je suis chef d’orchestre,
1954

« Pour l'orchestre, son chef représente l'œuvre tout entière, dans sa simultanéité et sa succession, et comme, pendant son exécution, le monde doit se résumer tout entier dans l'œuvre, c'est lui qui, pendant ce temps exactement, est le maître du monde. »

Elias Canetti,
Masse et puissance, 1960

CHAPITRE V

LE TEMPS DES STARS

Tournoyant au firmament de la musique, on reconnaît notamment, de gauche à droite, Koussevitzky, Toscanini et Stokowski qui dominaient la scène américaine dans les années trente.

Afin de communiquer entre eux par le regard, comme les membres d'un ensemble de musique de chambre, les musiciens du Persimfans, l'orchestre soviétique sans chef, avaient adopté une disposition spéciale. Une partie des cordes, placées en demi-cercle, tournaient le dos au public et les autres ainsi que les bois et les cuivres étaient rangés en diagonale, se faisant face, à l'intérieur du demi-cercle – comme on peut le voir sur la photo en haut à gauche prise pendant l'exécution du *Concerto pour violon* de Beethoven, avec Joseph Szigeti, en 1927, lors des concerts donnés à Moscou pour le centième anniversaire de la mort de Beethoven.

«L'orchestre dans une symphonie, avait dit Schumann, doit être comme une république qui ne connaît pas de souverain.» Plusieurs expériences de républiques tentèrent d'enrayer l'ascension irrésistible du souverain. La plus célèbre, celle du Persimfans ou orchestre sans chef, lancée à Moscou en 1922 dans le sillage de la Révolution, sera interrompue par Staline avant d'avoir atteint son terme fatidique : comme dans les petits orchestres de jadis, menés du clavier ou du violon, *quelqu'un*, en fait, assurait la cohésion de l'ensemble, en accord avec les autres responsables de pupitres : le premier violon à qui ne manquait du chef que le titre. Tous les musiciens étaient égaux, mais certains l'étaient moins que d'autres. Récusant le passé, les membres du Persimfans s'étaient condamnés à le répéter.

Dans le climat de sanctification de l'Artiste, de culte du héros et d'exaltation de la volonté de puissance qui précéda la Première Guerre mondiale, le chef d'orchestre s'était hissé au pinacle de la vie musicale. Une consécration que les modestes batteurs de mesure du début du XIXe siècle eussent été bien en peine d'imaginer, et que le développement du disque et de la radio allaient encore magnifier.

De nouveaux instruments : le disque et la radio

Le chef d'orchestre ne fut pas le premier bénéficiaire du phonographe inventé par Edison en 1877 ; violonistes, pianistes et chanteurs le précédèrent, car la technique d'enregistrement défavorisa quelque temps la musique symphonique. Une vingtaine d'instrumentistes seulement pouvait prendre place

devant le pavillon acoustique qui recueillait les ondes sonores dont les vibrations s'inscrivaient aussitôt dans la cire. Dès 1907, néanmoins, Colonne gravait quelques morceaux de bravoure de son orchestre, suivi en 1910 de Weingartner et de Beecham; trois ans plus tard paraissait la *Cinquième symphonie* de Beethoven interprétée par la Philharmonie de Berlin sous la direction de Nikisch. Le désavantage dont souffrait l'orchestre cessa avec la mise au point, en 1925, de l'enregistrement électrique au moyen de micros, qui marqua la vraie naissance de l'industrie discographique. Le mouvement ne fit ensuite que s'amplifier avec l'invention du magnétophone,

❝Les disques, en exigeant une perfection au moins extérieure, portent vers la mécanisation. Au concert, une hésitation ou une méprise sont susceptibles de passer inaperçues ou, en tout cas, elles peuvent être compensées par la valeur musicale de l'exécutant. [...]. Mais le fait que dans les disques tout soit enregistré impose à l'artiste une véritable servitude, et ce qui est pire une servitude dangereuse pour son inspiration et son sentiment musical.❞

Pablo Casals, 1953

l'apparition du microsillon longue durée en 1948, puis de la haute fidélité, de la stéréophonie et enfin, en 1983, la commercialisation du disque compact.

Entre-temps, la radio avait pris son essor depuis la fin de la Première Guerre mondiale. La retransmission de concerts commença dans les années vingt. Bientôt, certaines stations créèrent des orchestres à cet effet : en 1930 naissait l'orchestre de la B.B.C. confié à Adrian Boult qui le dirigera pendant vingt ans puis en 1934, l'Orchestre National de la Radiodiffusion française dirigé par Inghelbrecht. Trois ans plus tard, la chaîne américaine N.B.C. mettait un orchestre à la disposition de Toscanini, et leurs concerts radiodiffusés jusqu'en 1954 touchèrent des millions d'Américains.

Avec ces nouveaux moyens de diffusion, auxquels s'ajoutèrent le cinéma et la télévision, le chef d'orchestre ne tarda pas à égaler en prestige et en tapage les autres vedettes de l'art et du spectacle. Bien entendu, tous les champions de la baguette n'accédèrent pas à ce statut «médiatique», et seules nous retiendront les figures les plus significatives.

Toscanini, le bon dictateur

S'il est un nom qui, pendant la première moitié de ce siècle, symbolisa le chef d'orchestre aux yeux du grand public, ce fut celui de Toscanini, objet, de son vivant, d'une véritable légende. La réalité suffit cependant, et tient en quelques chiffres : de ses débuts improvisés à Rio en 1886, où obscur violoncelliste d'une troupe italienne, il dirigea *Aïda* au pied levé et de mémoire, jusqu'à son dernier concert en 1954, Toscanini se constitua un répertoire de plus de six cents œuvres, dont cent dix-sept opéras, de cent quatre-vingt-dix compositeurs, toutes exécutées par cœur, après des répétitions souvent homériques dont le disque a conservé l'écho.

«Rien n'étant jamais parfait, disait-il, rien n'est jamais vraiment bon.» L'exigence fanatique de perfection qui l'animait s'était forgée au fil d'un rude apprentissage dans les petits opéras calamiteux d'une Italie vouée aux prouesses histrioniques du bel canto. Rien d'étonnant donc si, plus encore que Verdi,

Wagner a été le «grand maître» de Toscanini et si celui-ci lui a emprunté les conceptions théâtrales qu'il appliqua à la Scala entre 1897 et 1907, et surtout entre 1920 et 1929, après sept années prestigieuses au «Met» de New York. Doté des pleins pouvoirs, il avait compétence pour tout et décidait de tout en dernier ressort : un dictateur – mais antifasciste, bientôt, avec la même fougue que, italianissime défenseur de la famille et de ses vertus, il mettait, en coulisses, à allonger encore le catalogue de Don Juan.

La Scala était devenue «un Toscanini collectif», remarqua un critique lors de la tournée triomphale qu'elle effectua en Allemagne en 1929. Un jeune musicien de vingt et un ans, Herbert von Karajan, qui venait de faire ses débuts au pupitre de direction, découvrit alors, stupéfait, ce que la volonté d'un homme possédé par la musique pouvait obtenir d'un orchestre et d'une troupe d'opéra – une expérience qu'il n'oubliera pas. Mais rassasié de l'«enfer du théâtre», Toscanini se consacra ensuite presque exclusivement à la carrière de chef de concert, qu'il avait entamée dès 1896, et qui devait seule, désormais, assurer sa renommée : à la tête du Philharmonique de New York et de l'orchestre de la N.B.C. C'est avec eux également, qu'à partir de l'âge de soixante-dix ans il grava l'essentiel des enregistrements où survivent sa force de concentration et son inlassable énergie.

Arturo Toscanini (1867-1957), que l'on voit ci-contre arriver au théâtre de Bayreuth en 1930, fut le premier chef étranger à y diriger. Mais il faillit bien renoncer après la première répétition, tant il était déçu par l'orchestre qu'il soumit alors à un traitement de choc.

Furtwängler, le grand chaman

De même que Corneille ne va pas sans Racine, ni Voltaire sans Rousseau, le nom de Toscanini appelle celui de Furtwängler. Rien de forcé dans ce parallèle : en dehors d'une commune et dévorante passion pour la musique, tout ou presque les opposait. Aux yeux de Furtwängler, Toscanini n'était qu'«un chef d'opéra italien», «dénué de spiritualité», incapable de saisir «l'essence» de «la véritable musique symphonique» – c'est-à-dire de la musique allemande, dont lui se voulait l'interprète privilégié. Ce qu'il fut, largement, pendant une trentaine d'années, à la tête des principales institutions musicales d'outre-Rhin – la Philharmonie et l'Opéra de Berlin, le Gewandhaus de Leipzig où il succéda à Nikisch et la Philharmonie de Vienne –, tout en étant invité dans le monde entier à diriger son répertoire de prédilection, les classiques et romantiques allemands.

Mêlant l'expression subjective, le sens de la grandeur épique et le besoin de philosopher en musique, c'est surtout dans Beethoven que son pouvoir d'évocation se révélait avec le plus d'intensité. Et c'était à peine une plaisanterie dans l'Allemagne des années trente de qualifier le «Titan de Bonn» de «compositeur idéal pour Furtwängler».

Idéaliste, immergé dans la *Kultur*, Furtwängler plaçait l'art au-dessus de tout, et en particulier de la politique – qui s'en vengea. Se sentant «responsable de la musique allemande», il ne quitta pas son pays après l'avènement d'Hitler.

Hostile, et parfois ouvertement, au IIIe Reich, son prestige servait cependant de caution à un régime dont, en outre, nombre de partisans et de dirigeants n'appréciaient pas moins sincèrement que lui Beethoven, Brahms ou Wagner.

Plus équivoque que Furtwängler ne voulait le reconnaître, la musique n'était pas un rempart contre la barbarie. Accusé d'en avoir été complice, il sera reconnu innocent, mais non sans souffrir dans son honneur et sa réputation d'artiste.

Philharmonie, Bernburger Str. 22/23

Dienstag, den 16. Februar 1932, abends 8 Uhr

Städt. Volks-Sinfonie-Konzert

Philharmonischen Orchesters

Dirigent: Dr. Wilhelm Furtwängler

PROGRAMM

1. Variationen über ein Thema von Jos. Haydn — Joh. Brahms
2. Siegfried-Idyll — Rich. Wagner
3. Ouvertüre „Der fliegende Holländer" — Rich. Wagner

PAUSE

4. Sinfonie Nr. 6, h-moll, op. 74 (Pathétique) — P. Tschaikowsky
   I. Adagio – Allegro non troppo
   II. Allegro con grazia
   III. Allegro molto vivace
   IV. Finale: Adagio lamentoso

Eintritt RM 0.20 — Programm frei.

❝ Devant l'orchestre :
Le regarder
en parlant.
Parler calmement.
Tout ce qu'on exige,
l'exiger totalement.
Tout dire le plus
brièvement possible.
Toujours un regard
clair et direct.
Rire peu.
Etre toujours agissant;
ne jamais se sentir
offensé.
Ne rien abdiquer de sa
personnalité.❞

W. Furtwängler,
Notes d'agenda, 1930

Le «Roi Willem»

La politique fut plus néfaste encore à un autre grand chef d'origine allemande : Willem Mengelberg. En cinquante ans d'un règne éblouissant, et au prix d'un dressage méticuleux, il avait transformé le Concertgebouw d'Amsterdam en un des meilleurs orchestres du monde; amateurs, interprètes et compositeurs affluaient régulièrement dans la capitale des Pays-Bas portée au rang de métropole musicale. Mais les Hollandais ne lui pardonnèrent pas d'avoir collaboré avec l'occupant nazi. Banni, Mengelberg mourut solitaire en Suisse en 1951 à l'âge de quatre-vingts ans. Un itinéraire d'autant plus surprenant que, après avoir conquis Richard Strauss, lequel lui dédia *Une vie de héros*, Mengelberg s'était fait le premier défenseur de l'œuvre de Mahler où, mieux encore que dans Tchaïkovski (une de ses spécialités), s'épanouissait son tempérament à la fois dramatique, autoritaire et sentimental. «Mengelberg est un homme remarquable, écrivait le compositeur en 1906. Je ne pourrais confier mon œuvre en toute quiétude à personne d'autre.»

❝Les musiciens du Concergebouw, tout en rendant justice aux formidables capacités musicales de Mengelberg, déploraient sa tyrannie. Très conscients de la construction collective à laquelle participait chacun, ils estimaient que Mengelberg corrompait la musique dans ce qu'elle avait de plus élevé en utilisant ses pouvoirs pour chercher à dominer les âmes.❞

Igor Markevitch
Etre et avoir été, 1980

Preis: 10 Mark
KONZERT-DIREKTION HERMANN WOLFF UND JULES SACHS, BERLIN W9
LINKSTRASSE 42
PHILHARMONIE
Montag den 18. September 1922 – abends 7½ Uhr
I. KONZERT
mit dem Philharmonischen Orchester
Dirigent:
BRUNO WALTER
Solisten:
Maria Olszewska
Fritz Krauss (München)
„Das Lied von der Erde" Gustav Mahler
(Altpartie: MARIA OLSZEWSKA – Tenorpartie: FRITZ KRAUSS)
1. Das Trinklied vom Jammer der Erde (Tenor)
„Schon winkt der Wein im gold'nen Pokale"
2. Der Einsame im Herbst (Alt oder Bariton)
„Herbstnebel wallen bläulich über'm See"
3. Von der Jugend (Tenor)
„Mitten in dem kleinen Teiche"
4. Von der Schönheit (Alt oder Bariton)
„Junge Mädchen pflücken Blumen"
5. Der Trunkene im Frühling (Tenor)
„Wenn nur ein Traum das Leben ist"
6. Der Abschied (Alt oder Bariton)
„Die Sonne scheidet hinter dem Gebirge"
An der Celesta: Dr. Heinz Unger
Celesta: Schiedmayer Pianofortefabrik, Potsdamer Strasse 27b
Während der Vorträge bleiben die Saaltüren geschlossen
DUYSEN

"Mon rêve d'une carrière de grand pianiste pâlit le jour où, d'une place sur l'estrade, en haut derrière les timbales, j'écoutai et regardai Bülow diriger la Philharmonie. Dans les concerts populaires et à l'Opéra, j'avais à peine pris garde au chef. Mais je lisais maintenant la présence de la musique sur le visage tendu de Bülow, je sentais la force persuasive de son geste, je percevais l'attention de l'orchestre, la chaleur, l'intensité d'expression et la précision de son jeu, et je compris soudain que c'était cet homme là seul qui faisait de la musique; les autres, les quelque cent exécutants, il en avait fait son instrument et en jouait comme un pianiste de son clavier. Cette soirée décida de mon avenir – j'avais résolu de devenir chef d'orchestre."

Bruno Walter, *Thème et variations*, 1952

D'abord pianiste, Bruno Walter (1876 – 1962) (à gauche et ci-dessus) débuta comme chef à l'Opéra de Cologne en 1893, quatre ans après avoir vu Bülow diriger.

Bruno Walter ou la conquête de soi

A cette époque pourtant, Mahler comptait au moins un autre disciple enthousiaste : Bruno Walter, son assistant à Hambourg et à Vienne, et qui devait, après sa mort, créer *Le Chant de la Terre* et la *Neuvième Symphonie*. Mais fasciné par son modèle, d'un naturel très émotif et timide, à quoi s'ajoutait «une disposition démocratique congénitale» peu propice à sa vocation, Walter

Toujours curieux de la nouveauté, Klemperer (1885-1973) assistait à Londres, en 1964, aux répétitions de Pierre Boulez (ci-contre, à gauche), pour entendre des œuvres de celui-ci, qu'il surprenait ensuite par la pertinence de ses remarques.

ne possédait pas encore l'autorité qui caractérise le chef d'orchestre né : le geste infaillible auquel les musiciens saisissent aussitôt qu'*il veut* et qu'*eux doivent*. Il lui fallait la conquérir. La volonté suppléant la nature, Walter s'affirma à la tête de l'opéra de Munich, entre 1911 et 1922, avant de s'élever parmi les plus grands. Mozartien sans mièvrerie, cofondateur du Festival de Salzbourg, il concevait la musique comme une «force morale», usant dans la pratique de son art, de mots aujourd'hui un peu oubliés, comme «âme», «beauté», «amour» et «spiritualité».

Klemperer la rigueur

Cette ferveur pieuse faisait de Walter l'antithèse d'un autre disciple de Mahler, Otto Klemperer, qui se moquait volontiers de lui : «Trop juif!», disait-il de son coreligionnaire, entendant par là, non sans injustice, que Walter avait, en bon Viennois (d'adoption), tendance à arrondir les angles, que lui, au contraire se plaisait à souligner. De là son admiration pour Stravinski, qui la lui rendit en louant sa rigueur et son souci d'objectivité. Dans le Berlin effervescent des années vingt, Klemperer était le chef rapide et incisif de l'avant-garde. Ce n'est que beaucoup plus tard, dans les années soixante, au terme d'une vie ponctuée de cruels accidents de

santé, qu'il figura une sorte de patriarche austère, marmoréen, délivrant sur des *tempi* étirés des interprétations d'une grandeur monumentale, pour ne pas dire parfois un peu lourde et oppressante.

Stokowski la star

Révéré alors comme le célébrant d'une immuable liturgie, Klemperer tenait plus du monstre sacré que de la *star*. Apparu avec le triomphe du cinéma hollywoodien des années vingt-trente, c'est très logiquement aux Etats-Unis que ce titre de gloire ambigu couronna pour la première fois un musicien : Leopold

En mai 1930, au cours de la tournée européenne du Philharmonique de New York, une photo de groupe (ci-dessous) réunit à Berlin, aux côtés de Toscanini, les quatre chefs d'orchestre qui faisaient alors la renommée de la capitale allemande. De gauche à droite : Bruno Walter, Erich Kleiber, Otto Klemperer et Wilhelm Furtwängler.

Stokowski. Il le méritait, puisque, en sa personne, le chef d'orchestre connut la consécration de l'écran dans trois films dont *Fantasia*, le célèbre dessin animé musical de Walt Disney.

Ses amours défrayaient la chronique – en particulier la brève liaison qu'il eut avec Greta Garbo. Le charme de ce grand Apollon blond ne laissait évidemment pas insensibles les riches et puissantes bienfaitrices

Dans *Fantasia* (1940), Stokowski partageait un moment la vedette avec Mickey, héros malheureux de la séquence illustrant *L'Apprenti sorcier* de Paul Dukas.

auxquelles la vie musicale américaine doit beaucoup. Ayant abandonné la baguette comme pour mieux modeler les sons, ses mains devinrent une attraction, surtout lorsqu'un éclairage approprié les mettait en valeur, ou projetait leur ombre agrandie sur les murs de la salle de concerts.

Mais le musicien valait mieux que sa célébrité un peu douteuse. Sous sa direction, entre 1912 et 1936, l'orchestre de Philadelphie acquit une plénitude et une virtuosité égalées seulement par le Concertgebouw de Mengelberg; et la liste des premières exécutions, américaines ou mondiales, qu'il donna est impressionnante.

Le 2 mars 1916, à la tête de près de 1 100 exécutants, Stokowski (1882-1977) dirigea à Philadelphie la première américaine de la *Huitième Symphonie* de Mahler (ci-dessous). Le succès fut si considérable qu'aux trois concerts prévus il fallut en ajouter six autres, avant que deux trains spéciaux n'emmènent cette armée musicale à New York où l'œuvre fut donnée devant un public enthousiaste. Parmi les autres «créations» de l'infatigable «Stoky» (ci-contre en 1972 après une répétition) figurent les principales œuvres de Varèse, le *Concerto pour violon* de Schönberg et, en 1965, la *Quatrième Symphonie* de Charles Ives.

Le tsar de Boston

Son seul grand rival aux Etats-Unis, dans ce domaine, était Serge Koussevitzky qui régna sur l'orchestre de Boston de 1924 à 1949. Aucun chef sans doute n'a fait plus que lui pour la musique de son temps, suscitant ou créant des œuvres aussi diverses que *Pacific 231* de Honegger, les *Tableaux d'une exposition* de Moussorgski orchestrés par Ravel, la *Troisième Symphonie* de Roussel, la *Symphonie des Psaumes* de Stravinski ou le *Concerto pour orchestre* de Bartók – pour ne citer que les plus marquantes.

A l'origine membre de l'orchestre du Bolchoï de Moscou, contrebassiste virtuose, son mariage avec une riche héritière permit à Koussevitzky de réaliser ses ambitions : devenir chef d'orchestre, éditeur de musique et vivre en grand seigneur cosmopolite. En même temps, soucieux de répandre les bienfaits de son art au moyen de concerts populaires, il fondait en 1910 le premier orchestre symphonique permanent de Russie; puis se lançait dans des tournées vite fameuses, descendant et remontant la Volga, pour initier à la musique symphonique des populations si étonnées et si sincèrement émues, dira Debussy, «qu'elles en oubliaient d'applaudir». La guerre et la

“Quand Koussevitzky entrait en scène, marchant vers le podium comme vers sa destinée, quand il levait sa baguette, très lentement, qu'importe ce que serait la musique, elle importerait, parce que c'était lui qui allait la jouer. ... On écoutait exalté chaque fluctuation, chaque caresse, chaque inflexion, chaque respiration de la musique. Personne d'autre ne m'a jamais fait écouter la musique ainsi.”

Leonard Bernstein, 1959

Révolution interrompirent son apostolat, sans beaucoup réduire son train de vie. Installé à Paris, il en fit la conquête avec les concerts qu'il donna à l'Opéra à partir de 1921; c'était le clou de la saison. En l'engageant, Boston s'offrait une *prima donna* – tout le contraire de son prédécesseur, Pierre Monteux, qui de 1919 à 1924 avait reconstruit l'orchestre désorganisé par la guerre et des grèves très dures.

Trois Français ne font pas un style

Quoique auréolé du prestige des Ballets russes – dont il fut le chef attitré de 1911 à 1916 – et, en particulier, d'avoir dirigé la première tumultueuse du *Sacre du Printemps* en 1913, Monteux n'avait, en effet, rien d'une star. Court sur pattes, replet, moustaches gauloises, d'une bonhomie souvent teintée d'humour, son apparence n'était pas faite pour galvaniser les foules. Mais sans jamais perdre son calme, il savait, d'une battue imperceptible, déclencher les *fortissimi* les plus féroces. Premier alto chez Colonne pendant dix-neuf ans, le fonctionnement de l'orchestre n'avait pour lui aucun secret; et il avait pu observer avec profit des chefs aussi différents que Colonne, Strauss, Richter, Mengelberg et Nikisch,

De 1919 à 1962, l'Orchestre de Boston connut une ère franco-russe avec Pierre Monteux, Serge Koussevitzky et Charles Munch.

Pierre Monteux (1875-1964) (ci-contre) termina sa longue carrière à la tête de l'Orchestre symphonique de Londres, avec lequel, à l'âge de quatre-vingt-six ans, il signa un contrat de vingt-cinq ans – renouvelable.

son préféré. La France ne s'inquiétant guère de lui, c'est à l'étranger que Monteux mena l'essentiel de sa carrière : de New York à Londres, en passant par Boston, Amsterdam et San Francisco, salué partout comme le chef français par excellence.

C'est aussi la réputation qu'aura son cadet Charles Munch qui, après avoir dirigé la vénérable Société des Concerts du Conservatoire de 1938 à 1946, succédera à Koussevitzky en 1949, et présidera en 1967, peu de temps avant sa mort, à la création de l'Orchestre de Paris. Pourtant, né à Strasbourg en 1895, et donc sujet du Kaiser, Munch avait été élevé dans la ferveur d'un double culte qui ne devait rien à la France : le protestantisme luthérien et la musique de Bach dont son parent Albert Schweitzer était un grand interprète et exégète. Premier violon du Gewandhaus de Leipzig de 1925 à 1932, c'est alors seulement qu'il choisit définitivement la France, et la direction d'orchestre où il se lança avec une fougue qui ne le quittera plus.

Inspiré, imprévisible, «le beau Charles», comme l'appelaient les Américains, concevait son métier comme un sacerdoce, allant jusqu'à comparer le chef à «Saint Sébastien exposé aux flèches» et à «Jeanne d'Arc sur son bûcher prête à brûler et à donner sa vie pour ce qu'elle

Charles Munch (1891-1968) (ci-dessous) ne battait pas «la mesure avec son bras, dira un musicien, mais avec ses émotions». «Aime-moi!» lança-t-il un jour, en peine d'explication, à un hautboïste dont le jeu, à son gré, ne chantait pas assez.

aime». On est loin de Monteux, et aux antipodes d'un autre représentant de la supposée tradition française de direction : Pierre Boulez, chez qui l'interprète cultive la même rigueur analytique que le créateur.

Devenu chef, un peu comme Berlioz, pour assurer «la matérielle», et parce qu'il ne supportait pas d'entendre défigurer la musique de ses Maîtres Schoenberg, Berg et Stravinski, Boulez l'iconoclaste ne tarda pas à triompher dans les institutions apparemment les plus conservatrices. A l'Opéra de Paris, avec la première française de *Wozzeck* en 1963, puis à Bayreuth où il nettoya *Parsifal* de la pâteuse liturgie habituelle, avant de diriger avec un vif succès relayé par le disque et la télévision, le fameux «*Ring* du centenaire» mis en scène par Patrice Chéreau. Entre-temps, brouillé avec les autorités culturelles françaises, le compositeur d'*Eclat* avait répondu aux appels de Cleveland, de la BBC, et surtout de l'Orchestre Philharmonique de New York où il succédait en 1971 à un chef plus proche de son compatriote Charles Munch que de lui-même : Leonard Bernstein, le compositeur de *West Side Story*.

«Si je dirige sans baguette, c'est que je n'en ai jamais éprouvé le besoin. Ce qui compte c'est la directivité du geste et son exactitude. Quand le geste est tout à fait précis, il n'y a pas besoin de prolongement optique.»

P. Boulez (ci-dessous), 1989

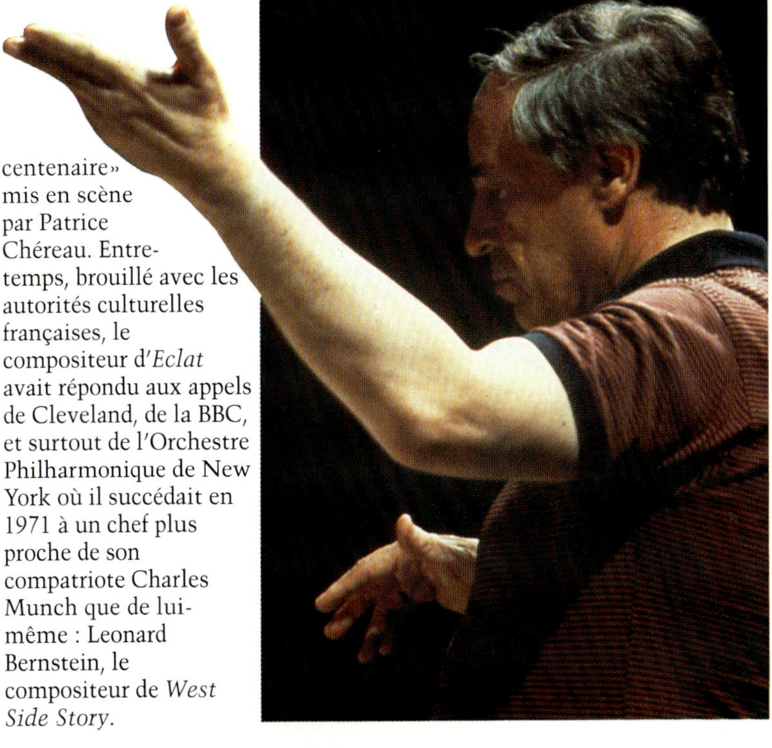

L'Amérique a trouvé son chef

Depuis Theodore Thomas, la direction d'orchestre aux Etats-Unis était une spécialité d'importation. Aux Allemands du début du siècle s'ajoutèrent rapidement d'autres nationalités, bientôt dominées par une pléiade de Hongrois généralement réputés pour leur sens tranchant sinon tyrannique de la discipline : George Szell auquel l'orchestre de Cleveland dût de s'élever, dans la crainte, au premier rang; Fritz Reiner qui fit de l'Orchestre de Chicago une mécanique de précision dont héritera Georg Solti après le passage controversé de Jean Martinon; Eugene Ormandy, le successeur de Stokowski à Philadelphie; Antal Dorati le disciple itinérant de Bartok et de Kodaly. Le monopole de l'Europe connut une première exception notable avec Bernstein.

Surnommé «le Peter Pan de la musique» cet enfant prodige distingué par Koussevitzky a réalisé pleinement l'idéal du chef américain que Stokowski avait le premier incarné en

Assistant de Toscanini à Salzbourg en 1936-1937, Georg Solti (à gauche) se consacra pendant vingt-cinq ans presque uniquement à l'opéra, et réalisa le premier enregistrement en studio du *Ring* de Wagner. Sous sa direction depuis 1969, les musiciens de l'orchestre de Chicago ont retrouvé l'oreille infaillible et l'œil redoutable qui avaient fait la réputation de Fritz Reiner (1888-1963) (ci-dessous), à qui Bartok dédia son *Concerto pour deux pianos*.

mêlant l'esprit pionnier, le goût du spectacle et l'art de faire partager ses découvertes et son expérience par le plus grand nombre, sans reculer devant ce qui passe facilement, sur le vieux continent, pour de la vulgarité. Chef d'orchestre, compositeur, homme de télévision, essayiste, pédagogue, champion de toutes les bonnes causes à la mode : Bernstein a mené de front toutes ces activités avec autant de talent que d'astuce et cette exubérance chorégraphique, mi-chaplinesque, mi-érotique qui caractérise son style de direction. Pourtant, à l'exception de Vienne (sentimentalité oblige !), l'Europe est restée plutôt insensible à son charme.

Il est vrai que, jusqu'à récemment, elle était sous l'emprise, puissamment organisée, du roi, de l'empereur des chefs d'orchestre, de Dieu soi-même.

« Impossible pour moi de choisir parmi ces activités diverses : écrire pour l'orchestre, pour le théâtre, diriger, jouer du piano. Ce qui me paraît bon à un moment donné, c'est ce qu'alors je dois faire, au risque de mettre des choses sous le coude, ou de restreindre mes activités. On ne me fera pas composer une note si tout mon esprit est pris par une saison où je dirige. Je ne m'interromprai pas dans la notation d'une chanson quand elle est là et demande la parole, fût-ce pour diriger la *Neuvième* de Beethoven. Il y a une logique sous tout cela, qui commande une obéissance stricte. Car le seul but, c'est la musique elle-même, et non pas les conventions du marché. »

L. Bernstein, 1946

Karajan superstar

Qui, même indifférent à la musique, n'a entendu parler de ce «titan», ou ne l'a entrevu à la télévision, en couverture d'un magazine, sur une de ces pochettes de disque où son nom a depuis longtemps éclipsé ceux de Mozart, Beethoven, Brahms et Wagner? Masque de bronze, buriné, entre Saint-Moritz et Saint-Tropez, par l'altitude, la vitesse, le grand large; yeux mi-clos sous la tempête blanche et laquée de la chevelure; prêt à déchaîner des orages en haute fidélité numérique et vidéo : *le* chef d'orchestre comme Maria Callas était naguère *la* diva.

Jamais ne se sont trouvés réunis comme en Karajan une passion aussi fanatique de la musique, une volonté de puissance aussi irrésistible et un sens aussi aigu des affaires et de la publicité. Membre du

❝On n'a jamais rien écrit de vraiment conséquent sur la psychologie d'un orchestre. Cet orchestre peut être une entité unique, une seule personne, et puis se dissoudre en cent parties distinctes. Rien n'est plus fascinant que ce corps, vis-à-vis de vous, avec lequel vous pouvez parler et qui a ses réactions propres. C'est pour les mêmes raisons que j'adore aussi la voile. Sur les grands bateaux de quatre-vingts pieds, il arrive que les vingt-six membres de l'équipage, tout d'un coup, forment un tout coordonné : plus personne ne commande, chacun sait ce qu'il doit faire. Cet «alliage d'esprits» est la chose qui me passionne la plus au monde.❞

Herbert von Karajan (1908-1989), *Le Monde de la Musique*, mai 1985

parti nazi dès avril 1933, en Autriche, plus par opportunisme, dira-t-il, que par conviction, la chute du IIIe Reich ralentit à peine son ascension. Douze ans après la fin de la guerre, toutes les places fortes étaient au pouvoir de celui qu'on surnommait le *General Musikdirektor* de l'Europe : l'Orchestre Philharmonia de Londres, la Philharmonie de Berlin où il succéda à Furtwängler et dont il était chef à vie, le festival de Salzbourg, la saison allemande annuelle de la Scala de Milan, la Société des Amis de la Musique et l'Opéra de Vienne. A quoi s'ajoutèrent à partir de 1967 son festival de printemps à Salzbourg, où il sera à la fois chef d'orchestre, régisseur et metteur en scène, et en 1969, pour deux ans, le poste de conseiller artistique de l'Orchestre de Paris…

Doué d'une mémoire stupéfiante à la Toscanini, d'une capacité de travail inépuisable, obsédé par la beauté sonore et maniaque de la perfection, avec plus de cent vingt millions de disques vendus, Karajan a été le plus grand vulgarisateur de l'histoire de la musique.

Goût de la vitesse, «besoin de dominer son corps», Karajan passait de la direction de son orchestre, la Philharmonie de Berlin, à la barre de son yacht, au volant de bolides automobiles ou aux commandes de son jet – et toujours seul maître à bord.

Magnat de l'audiovisuel, il a laissé un héritage fabuleux de plus de huit cents enregistrements et d'une bonne centaine de films et vidéo-cassettes étroitement supervisés par lui.

«Dieu est mort», titrait un magazine au lendemain de sa disparition. Outre Abbado que la Philharmonie de Berlin a choisi pour patron, les candidats à la succession ne manquent pas : Giulini, Ozawa, Kleiber, Haitink, Maazel, Barenboïm, Bychkov, Mutti, Rattle, Dutoit, Chailly ou Levine... Mais l'Olympe musical n'aura sans doute pas un nouveau maître comme lui. Karajan a bénéficié de circonstances exceptionnelles liées aux perfectionnements des techniques d'enregistrement et à l'explosion des médias. Et ce n'est pas un hasard si cette apothéose de l'interprète a coïncidé avec le reflux de la dernière grande vague créatrice de la musique occidentale.

Quelques candidats au titre de «superstar» : Carlos Kleiber (ci-dessous), fils d'Erich et non moins doué que lui mais libre de toute attache; puis, de gauche à droite Seiji Ozawa (Boston), Claudio Abbado (Vienne et Berlin), Daniel Barenboïm (Chicago) et Simon Rattle (Birmingham).

FABRICA DE JABON
"MARIANO SALGADO S.A."

« Il n'y a pas besoin de chef, pas besoin de musique, besoin de rien ! Abandonnons tout et mettons-nous un anneau dans le nez comme les sauvages ! Nous en avons fini de jouer une musique qui est contre nous, nous qui la faisons nous voulons la créer et la gérer. Il est interdit de diriger ! »

Les musiciens,
dans *Prova d'orchestra*
de Federico Fellini, 1979

CHAPITRE VI
TOUS CHEFS ?

« Il n'est pas de profession musicale apparemment plus simple que la direction d'orchestre, disait Charles Munch. Comment ne pas remarquer que les enfants prodiges y pullulent ? » Ici, Willy Ferrero (1906-1954), très applaudi lors de la tournée qu'il fit en Europe au printemps de 1914.

Sans distinction de sexe ni de race

En moins d'un siècle, comme les autres professions de la musique, la direction d'orchestre s'est universalisée. D'allemand, français ou italien qu'il était à l'origine, le chef d'orchestre est devenu hongrois, russe, roumain, espagnol, grec (Mitropoulos), japonais (Ozawa), indien (Mehta), coréen (Chung, l'actuel directeur de l'Opéra Bastille).

Symbole, dit-on, de la virilité («un symbole bien mince, en vérité», comme l'a remarqué Pierre Boulez), la baguette échoit aussi plus fréquemment aux femmes. C'est vers la fin du XIXe siècle qu'elles commencèrent à se manifester sur l'estrade, en France notamment : la flamboyante Augusta Holmes, compositeur quelque temps célèbre à la Belle Epoque; Nadia Boulanger, qui fut la première femme à diriger des concerts symphoniques à Londres, New York et Boston; plus tard, Jane Evrard, la fondatrice en 1930 de l'Orchestre féminin de Paris, composé de vingt-cinq instrumentistes à cordes, avec lequel elle se produisit régulièrement en Europe jusqu'à la guerre, et pour qui écrivirent plusieurs compositeurs, dont Honegger, Jolivet et Roussel. Si on ne cite guère aujourd'hui en France que Claire Gibault, les

«Vienne possède un orchestre composé de trente et une jeunes dames qui s'intitule «premier orchestre féminin d'Europe» et qui donne sous la direction de Mme Anna Weinlich des concerts dans la grande salle du Musikverein. Vêtues avec goût et d'une manière uniforme, en blanc et en rouge, rangées en demi-cercle, ces jeunes femmes offrent un coup d'œil vraiment pittoresque. Les instruments de cuivre sont seuls joués par des jeunes gens. [...] L'exécution est généralement bonne; et quelques-unes des jeunes virtuoses ont un talent vraiment remarquable.»

Revue et gazette musicale, 15 juin 1873.

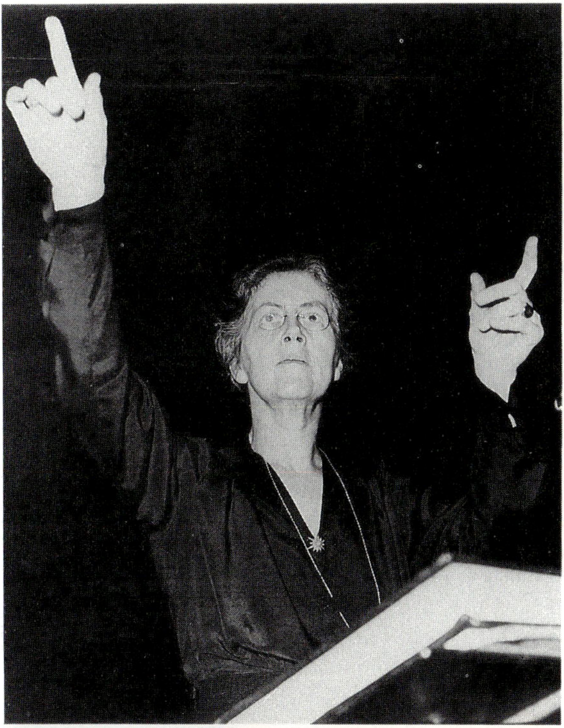

Carré de dames : autour de Nadia Boulanger (1887-1979) – qui imposa le *Requiem* de Fauré et fit sortir de l'oubli les Madrigaux de Monteverdi, les œuvres de Schütz et les opéras de Rameau –, Sarah Caldwell (en haut), fondatrice du Boston Opera Group et la première femme à avoir dirigé au Metropolitan Opera de New York, Claire Gibault (en bas à gauche), chef associé à l'Opéra de Lyon, et (ci-dessous) la Nord-Coréenne Djo Djeung Rim, «chef d'orchestre du peuple».

Autre enfant prodige : Roberto Benzi qui, après avoir débuté en 1948 à l'âge de onze ans, fut la vedette de deux films : *Prélude à la gloire* (1949) et *L'Appel du destin* (1950). Depuis, les fruits ne semblent pas avoir tenu la promesse des fleurs...

A gauche, James DePriest, assistant de Leonard Bernstein au New York Philharmonic, directeur de l'Oregon Symphony depuis 1980.

femmes chefs d'orchestre paraissent en revanche se multiplier aux Etats-Unis où les Noirs, qui brillaient d'ordinaire dans le chant, ont fait également leur apparition au sein des orchestres et à leur tête.

Une profession apparemment en expansion

On semble désormais se bousculer au pupitre de direction. Jusqu'aux solistes qui, comme Barenboïm, mènent parfois une double carrière dans laquelle, avant Rostropovitch, Pablo Casals excella; ou qui, après avoir donné le meilleur d'eux-mêmes dans leur discipline, prennent là une retraite ou une préretraite active, comme Menuhin, Fischer-Dieskau et Placido Domingo. Un choix judicieux d'ailleurs, puisque de toutes les professions musicales, la direction d'orchestre est celle où l'espérance de vie est la plus longue.

Quoique souvent en rupture avec la tradition symphonique, la musique contemporaine ne l'a pas abolie, l'exemple de Boulez et de Stockhausen le prouve. Les formations flexibles que les compositeurs d'aujourd'hui préfèrent souvent à l'orchestre conventionnel, et qui comportent parfois des équipements électroniques, requièrent, elles aussi, l'intervention d'un chef, qu'on l'appelle pudiquement «coordinateur» ou «opérateur». «Je m'élève contre l'affirmation selon laquelle la musique contemporaine donne au chef le pouvoir d'accorder une liberté désordonnée et incohérente à ses musiciens, a déclaré Pierre Boulez. Il me semble plus normal que ce soit aux instrumentistes d'accorder leur caractère à celui du chef. Demande-t-on à un pilote d'avion de se montrer accommodant avec son équipage?»

«Pour un violoniste qui a passé sa vie à calculer des déplacements millimétriques sur la touche, il y a quelque chose de libérateur à pouvoir lancer les bras dans toutes les directions, et même à sauter sur place si cela peut être utile à la communication.»

Yehudi Menuhin, *Voyage inachevé* (1976) (ci-dessous)

Enfin, le renouveau spectaculaire de la musique ancienne et baroque, même quand il s'accompagne d'un retour aux méthodes «authentiques» de direction – du *continuo* ou du violon –, n'en a pas moins suscité l'apparition d'une nouvelle génération de chefs, à la fois entrepreneurs et éducateurs, à la tête d'ensembles fondés et formés par eux : Nikolaus Harnoncourt et le Concentus Musicus de Vienne, Trevor Pinnock et l'English Concert, Franz Brüggen et l'Orchestre du XVIIIe siècle, Christopher Hogwood et l'Academy of Ancient music, John Eliot Gardiner et le Monteverdi Choir, Philippe Herreweghe et la Chapelle Royale, Roger Norrington et les London Classical Players. Loin de se cantonner d'ailleurs dans leur répertoire d'origine, la plupart se produisent aussi avec des formations symphoniques.

Renouant avec la pratique du *continuo*, c'est au clavecin (à gauche) que Christopher Hogwood dirige l'Academy of Ancient Music de Londres.

Au sein du mouvement de retour à «l'authenticité», Roger Norrington (ci-dessus) s'est imposé récemment avec une intégrale des

symphonies de Beethoven sur instruments d'époque – entre autres, comme on le voit ci-contre, des cors naturels sans valve en usage du temps de Beethoven. C'est aussi avec des instruments d'époque, et parfois des costumes, que les Arts florissants (ci-dessus), de William Christie raniment le répertoire français des XVIIe et XVIIIe siècles.

Des gardiens de musée surmenés

Tout paraît donc aller pour le mieux au royaume des chefs d'orchestre : jamais ils n'ont été aussi nombreux, aussi divers, et semble-t-il, aussi prospères. A l'examen, cependant, le tableau se révèle moins flatteur. Si l'on excepte la musique ancienne et baroque récemment redécouverte, et qui tient lieu de musique contemporaine à une bonne part du public, le répertoire ne se renouvelle plus. L'orchestre, au concert comme à l'opéra, est devenu un musée voué presque exclusivement à l'exploitation intensive d'un héritage, dont dépend l'existence d'un vaste secteur culturel et de l'industrie du disque classique. «Pour survivre, les orchestres doivent donner des concerts, faire des enregistrements. Alors... qu'ils soient fatigués, grippés ou moribonds, les chefs doivent diriger, se plaint Lorin Maazel. On croit que c'est une chance? C'est une catastrophe, car ils dirigent beaucoup trop. Le jour, la nuit, n'importe où, n'importe comment, pour faire fonctionner le système. Personne ne le dit, mais je vous l'affirme : les chefs sont devenus de véritables esclaves.»

Les saisons musicales étant beaucoup plus longues qu'au début du siècle, la mobilité des chefs s'est accrue – quand on ne peut pas changer d'œuvres, il faut changer d'interprètes – en même temps que la tendance au vedettariat. D'où un culte de la personnalité envahissant, et qui souvent, repose plus sur le «look» que sur le style, à une époque où les médiateurs de tout poil l'emportent sur les créateurs.

Une autorité diminuée...

Un culte trompeur d'ailleurs, dans la mesure où un écart n'a, depuis une bonne vingtaine d'années, cessé de se creuser entre l'image de «potentat inspiré» qui continue à être celle du chef d'orchestre et la réalité du pouvoir qu'elle transfigure. Longtemps dépendants de leur chef, et dans une situation souvent précaire, les musiciens, à l'instar des autres corps de métier, se sont peu à peu organisés, syndiqués, pour résister à leur «ennemi naturel» – et avec une efficacité plus grande que la révolte, finalement suicidaire, décrite

Ultime consécration : après les autres vedettes du spectacle, les musiciens sont à leur tour devenus des «supports publicitaires». Ainsi de Lorin Maazel (à droite), ancien directeur de l'Opéra de Vienne et de l'Orchestre national de France, qui, en 1988, a mis sa passion et sa compassion au service des montres Rolex.

«Lorin Maazel, – «le chef d'orchestre le plus accompli depuis Toscanini» – met en œuvre ses convictions passionnées dans des actions charitables. La plus récente, son concert «Classic Aid» retransmis dans le monde entier, a permis de réunir des millions de dollars pour ceux qui souffrent de la faim. De sa montre, Lorin Maazel dit très simplement : «J'ai toujours porté une Rolex». C'est un compliment qui nous honore quand on connaît l'homme : décidé dans ses choix dès l'enfance, sa carrière n'a cessé de prouver par la suite toute la justesse de ses résolutions précoces».

Extrait de l'annonce Rolex parue dans le *Figaro Magazine* en novembre 1988

A conductor of passion and compassion.

«Un grand chef est toujours un emmerdeur», disait Saint-Saëns. Mais ce n'est pas la réputation qu'a Carlo Maria Giulini (ci-contre), très apprécié des musiciens, et qui passe parfois pour «un doux mystique de la musique».

par Fellini dans *Prova d'orchestra*. Pour ne prendre qu'un exemple : en 1984, au terme d'un conflit dont toute la presse se fit l'écho comme d'une crise internationale, Dieu lui-même, Karajan, ne parvenait pas à imposer une jeune clarinettiste à la Philharmonie de Berlin dont il était le chef à vie.

On ne peut toutefois rendre le pouvoir syndical seul responsable de la diminution de celui des chefs. Les orchestres britanniques, où il s'exerce souverainement, n'en sont pas moins d'une civilité et d'une diligence qui ont fait d'eux les champions du monde de l'enregistrement. Le professionnalisme et la discipline que les chefs ont progressivement réussi à imposer aux musiciens ont réduit d'autant leur autorité. «On travaille beaucoup de nos jours, disait à

la fin de sa vie l'intraitable Toscanini; de mon temps, il y avait beaucoup de dilettantes, de bohèmes, de saoulographes.» Il avait «livré de terribles batailles, a observé Giulini, pour accomplir des choses que tout le monde tient aujourd'hui pour acquises».

Rien n'échoue comme le succès : après avoir porté le chef d'orchestre au pouvoir, les progrès de la division du travail se sont exercés contre lui. Partout à l'opéra, le maître absolu du spectacle voulu par Wagner, et incarné avant lui par Lully, a reculé, sinon abdiqué devant la montée d'un nouveau démiurge : le metteur en scène, généralement ignorant de la musique et fier de l'être, et acharné à prouver qu'un chef-d'œuvre se reconnaît d'abord à ce qu'il survit aux traitements les plus «décapants» qu'on peut lui faire subir.

De même, l'importance prise par le disque, en même temps que la sophistication croissante des techniques d'enregistrement et de reproduction sonore, ont rendu le chef dépendant d'autres intermédiaires parfois envahissants : le directeur artistique soucieux de son «image» et de la maintenir sur un «créneau» rentable; l'ingénieur du son, chargé

En 1979, dans son film parabole *Prova d'orchestra*, Fellini contait la rébellion d'un orchestre contre son chef, puis l'écrasement final de celle-ci, au terme d'une impitoyable reprise en main (ci-dessous). «Une leçon morale et politique», commentait Louis Pauwels dans le *Figaro Magazine*, cependant que la C.G.T. dénonçait le film comme «un élément du complot» monté par «la presse bourgeoise pour chercher a discréditer les musiciens d'orchestre».

de le rendre «phonogénique», au détriment possible de l'originalité de ses interprétations, afin de répondre aux attentes supposées du marché.

Un prestige intact

Pourtant, aussi diminuée que puisse être l'autorité du chef sur les orchestres, la fascination qu'il exerce sur le public, elle, ne décroît pas. Au contraire. C'est que, dans ce qu'il a d'anachronique, le geste du chef éveille sans doute d'inexprimables nostalgies. Incarnant le commandement sous sa forme la plus nue et la plus franche, il est immédiatement suivi d'effets, alors que tout dans nos sociétés «médiatisées» tend à voiler ou à diluer la relation directe d'autorité, et à séparer les actes de leurs conséquences. C'est également que le chef d'orchestre ne demeure pas seulement l'interprète privilégié du compositeur, mais aussi celui du public, seul capable sur son estrade de ce dont rêve, perdu dans l'assistance, l'amateur contraint au silence et à l'immobilité : exprimer et susciter toutes les nuances des passions auxquelles la musique continue d'offrir le moyen le plus complet de jouir d'elles-mêmes.

Parvenue au terme d'une courbe éblouissante, la musique classique occidentale connaît aujourd'hui une diffusion sans précédent. Après la *Neuvième* de Beethoven donnée par Bernstein, le 25 décembre 1989, dans un Berlin réunifié, retransmise en direct par la télévision et aussitôt commercialisée en disque avec, en prime, un morceau du mur, la Coupe du monde de football 1990 s'achevait à Rome le 8 juillet sur un concert de Zubin Mehta (ci-dessous) dans les thermes de Caracalla.
Si la baguette lumineuse de Karajan n'en finissait pas d'exalter et d'enregistrer l'héritage, peut-être faut-il voir une préfiguration de l'avenir dans l'image (à droite en haut) du même Zubin Mehta dirigeant une foule de pingouins, qui n'ont de musiciens que l'habit.

TÉMOIGNAGES ET DOCUMENTS

Le chef d'orchestre est-il nécessaire?

Lorsque, au début du XIXe siècle, le chef d'orchestre imposa sur l'estrade sa présence voyante et parfois gesticulante, il ne manqua pas d'amateurs et de critiques pour s'en plaindre. Plus tard, sa «dictature» devait susciter l'apparition, éphémère, d'orchestres sans chef.

Sur la manie de diriger

En 1835, dans la revue Neue Zeitschrift für Musik *qu'il dirigeait, le compositeur Robert Schumann s'en prit à ce qu'il appelait «la manie de diriger». On sent percer dans sa critique la nostalgie des orchestres anciens, où la direction se distinguait à peine de l'exécution. Mais les reproches que lui inspire la pantomime de certains chefs ne sont pas sans pertinence.*

La direction d'orchestre, même en laissant de côté la personnalité du chef d'orchestre, demeure un amusement pour le public, et ne peut être considérée que comme un mal nécessaire. Mais s'il arrivait des cas où ce mal fût nécessaire, devrait-on imposer à toute force au public une pareille bouffonnerie? Malheureusement cela arrive, comme l'auteur a pu maintes et maintes fois le constater, aujourd'hui plus que jamais, même avec de bons orchestres, et souvent de façon spectaculaire.
La principale raison en est, je crois, la vanité et la suffisance des chefs d'orchestre, qui ne voudraient pour rien au monde abandonner leur baguette, en partie pour être constamment devant le public, en partie pour dissimuler le fait qu'un orchestre compétent peut fort bien s'acquitter tout seul de sa tâche, sans avoir besoin de direction.

Un bon orchestre – et je ne parle que de ceux-là – a besoin d'être dirigé dans les symphonies, les ouvertures, et encore seulement au départ et lors des changements de tempo. Pour le reste, le chef d'orchestre peut se tenir tranquillement sur son estrade et suivre sur la partition en attendant qu'on ait à nouveau besoin de lui. Dans les mouvements lents, l'indication du tempo est sans doute utile pour que l'orchestre

continue de jouer de manière sûre.
Ce qui ne justifie pas pour autant une attitude affectée ou grotesque, consistant à frapper fort au *forte,* moins au *piano,* ou à froncer les sourcils en direction du coupable chaque fois qu'une erreur est commise. Tout cela appartient au mieux aux répétitions et non aux concerts publics.

On doit, dans tous les cas, différencier concerts et répétitions. Aux répétitions, chaque musicien se doit de travailler concrètement pour parvenir à une perfection technique, afin de libérer ce qui relève de l'art de la partie purement mécanique. Mais une fois surmontée cette épreuve, si tout est prêt, artistiquement au point, alors le chef d'orchestre peut cesser de faire le clown et laisser l'auditeur goûter en toute quiétude la musique. [...]

Si ses gestes sont affectés, biscornus ou inutiles, alors l'individu occupant cette place sur l'estrade devient ennuyeux : qu'est-ce que le public a à faire de tout ce vacarme, de ces piétinements, de ces signes de tête, de ces grimaces et de ces regards courroucés à l'adresse des égarés, de ces violents mouvements des mains et des pieds, etc? Rien de tout cela ne l'intéresse.
Non seulement de telles simagrées empêchent l'auditoire d'accorder toute son attention à l'œuvre elle-même, mais elles font apparaître l'orchestre sous un jour particulièrement défavorable, en vertu du principe généralement admis que moins un orchestre est dirigé, meilleur il est, ou encore que plus il a besoin d'être dirigé, moins bon sera le niveau de sa réalisation.

Robert Schumann, 1835

« On n'exigera jamais trop d'un orchestre! », écrira un siècle plus tard Hermann Scherchen, dans son traité de direction d'orchestre. « Une plus grande conscience professionnelle de la part des instrumentistes permettrait que bien des choses, actuellement contrôlées par le chef, soient désormais de leur ressort. »

L'expérience du Persimfans

Des quelques expériences d'orchestres sans chef qui furent tentées au début du siècle, la plus célèbre est celle du Persimfans de Moscou qui dura de 1922 à 1932. Trois musiciens connus – le violoniste Joseph Szigeti, le compositeur Darius Milhaud, et le chef d'orchestre Otto Klemperer – ont laissé leurs impressions de cet orchestre : elles vont de la sympathie au scepticisme.

Dans les années 1920, il m'arrivait parfois, après une apparition à Berlin ou au Gewandhaus de Leipzig et alors que j'étais encore sous le charme du frénétique Furtwängler, littéralement hanté par la musique, ou du chant infini s'élevant de la baguette de Bruno Walter, de me trouver, à peine quatre ou cinq jours plus tard, sur l'estrade de la salle du conservatoire de Moscou, à répéter avec un orchestre sans chef. Jouant ces mêmes morceaux que Furtwängler avait dirigés si récemment pour moi – avec ce pouvoir de suggestion capable de balayer tous les obstacles et jusqu'aux convictions les plus enracinées de musiciens d'orchestre et de solistes chevronnés, concernant le tempo et l'interprétation, lorsque ces convictions étaient contraires aux siennes –, je me retrouvais devant des musiciens privés de ce porte-parole, de cet intermédiaire, de cet alchimiste des forces en jeu qu'est le chef d'orchestre dans un concerto. Il n'y avait personne pour modeler les choses à son image, à la Furtwängler.

Aux répétitions du Persimfans, au contraire, régnait une atmosphère d'atelier créée par de fiers artisans réunis dans le but commun de faire de la bonne musique. Chacun avait le droit de dire son mot. Comme seule une sélection minutieuse des meilleurs talents les avait rassemblés, et non le favoritisme ou la considération de leur carrière passée (les titres de gloire de musiciens d'orchestre renommés appartiennent, hélas! souvent à un passé *lointain*), le respect qu'ils éprouvaient les uns pour les autres leur donnait une sérénité qu'on rencontre rarement dans les autres orchestres. Querelles, médisances, flagorneries n'avaient pas place dans leur univers.

Je répétais et jouais en tournant le dos à l'orchestre, bien sûr, une partie des cordes groupées en demi-cercle autour de moi, dont une demi-douzaine à ma droite et à ma gauche tournant le dos au public, et les autres ainsi que les bois et les cuivres rangés en diagonale en se faisant face à l'intérieur du demi-cercle.[1]

Ces séances étaient au musicien ce que l'adoucissage est à la lame d'acier. Il suffit pour le comprendre d'avoir assisté à une répétition avec un chef d'orchestre, ou d'avoir entendu l'exécution d'un orchestre en imaginant un tant soit peu tout le travail de défrichement qu'elle nécessite.

Joseph Szigeti, *With Strings Attached*, Reminiscences and Reflections, New York, Knopf, 1947

1. Voir la photo p. 92

En 1926, les rapports culturels s'étaient renoués avec la Russie. Monteux y avait remporté beaucoup de succès; Szigeti y avait été deux fois et il en était revenu enthousiaste. Sa femme me demanda si cela m'intéressait d'y aller. J'acceptai avec joie. Les comptes rendus sur l'U.R.S.S. étaient tellement contradictoires que je fus enchanté à l'idée d'en juger par moi-même et d'être le premier compositeur français qui renouerait des liens musicaux entre les deux pays. Wanda Szigeti se mit alors en rapport avec le frère du diplomate Krassine qui, en qualité d'imprésario, s'occupa de ma tournée. Il m'engagea à diriger trois concerts à Moscou et trois à Leningrad; Jean Wiener devait m'accompagner comme soliste.

Nous partîmes avec Madeleine en mars 1926. [...]

L'orchestre Persìmfans nous intéressa vivement. Il jouait sans chef; les musiciens se réunissaient par groupes, ils étaient libres d'émettre leurs opinions et leurs critiques pendant les répétitions. Le jour du concert, c'est le premier violon qui indiquait discrètement les attaques et les entrées. Cette expérience avait pleinement réussi, mais c'était une gageure basée sur une idée politique et un chef aurait obtenu les mêmes résultats et, sans aucun doute, plus rapidement. Cette démonstration de discipline collective se limita du reste au Persimfans.

Darius Milhaud,
Ma vie heureuse,
Belfond, 1973

En tant que ville musicale, Moscou présente un intérêt tout particulier pour les Européens de l'Ouest de par l'existence d'un orchestre sans chef, le Persimfans. J'ai entendu cet orchestre jouer la *Sixième Symphonie* de Tchaïkovski et deux mouvements de la *Huitième* de Beethoven, et la seule chose que je puisse dire, c'est que cet orchestre jouait à merveille. Très sérieusement, j'en suis venu à me demander si un chef est vraiment nécessaire. Mais, en définitive, je persiste à penser que oui. Pour commencer, il y a des œuvres nouvelles qui sont si complexes qu'une exécution solide sans chef d'orchestre ne me semble guère envisageable. Deuxièmement, dans un bon concert – et quelle que soit la précision avec laquelle chaque détail a été travaillé en répétition – il y a toujours un «petit quelque chose» d'improvisé en ce qui concerne le rythme ou la dynamique qui, même s'il n'est pas important, ne peut venir que du chef d'orchestre. Cette improvisation de l'interprétation donne des ailes à une exécution et, du point de vue artistique, rend la présence d'un chef indispensable. Sans lui, une exécution se déroule machinalement ou mécaniquement; et la musique ne fait-elle pas partie intégrante de la vie?

Otto Klemperer, «La Philharmonie soviétique et le Persimfans», avril 1929, traduit dans *Otto Klemperer, Écrits et entretiens*, Hachette-Pluriel, 1985

Le chef d'orchestre par lui-même

L'image du chef d'orchestre moderne se fixe dans les premières décennies du XIXe siècle; journalistes et écrivains commencent à l'inscrire dans leur galerie de portraits, cependant que sa silhouette ne tarde pas à enchanter les caricaturistes.

«Un homme vêtu de noir...»

Une des premières évocations réussies du chef d'orchestre apparaît dans Les Français peints par eux-mêmes, *une «Encyclopédie morale du XIXe siècle» d'abord publiée avec un vif succès, en 422 livraisons illustrées à partir de 1840, puis réunies en neuf volumes.*

L'auteur du portrait de M.K., chef d'orchestre, Alfred Legoyt, était chef du bureau de la statistique au ministère de l'Intérieur.

Vous avez rencontré quelquefois, monsieur, un homme vêtu de noir, l'habit hermétiquement croisé, le pantalon flottant sur la botte, la main sous le gilet, l'air préoccupé et naturellement grave; si vous avez passé près de lui, vous l'aurez certainement entendu fredonner; vous aurez aussi surpris à l'index de sa main droite une oscillation isochrone, en sens divers : cet homme est un Chef d'orchestre. Si vous le suivez des yeux quelques instants, vous pouvez être assuré qu'il entrera chez le premier éditeur de musique dont l'étalage attirera ses regards, pour s'enquérir des nouveautés et deviser de la chronique du monde musical. [...] Maintenant entrons avec lui dans l'appartement qu'il occupe au troisième étage d'une maison voisine du boulevard : ses enfants viennent lui sauter au cou ou se remettent subitement au travail. Pour lui, il conserve cette gravité que vous lui connaissez; sa parole est brève et concise, il vise au laconisme, un peu à la profondeur. Vis-à-vis des siens, ses manifestations de tendresse ont de la raideur et de l'apprêt. Dans ses habitudes domestiques, il aime la précision et l'exactitude. Généralement sobre, il se plaît à témoigner d'une véritable austérité, comme pour protester contre le préjugé d'intempérance dont le musicien est

encore frappé. Dans la discussion, quand il s'agit de son art, il est tranchant et incisif. Un de ses secrets plaisirs est de remettre en question les titres de gloire les plus incontestés de nos illustrations musicales. Actuellement les sympathies se partagent entre les écoles française et allemande; mais il n'y a pas longtemps qu'il s'est rallié à cette grande et universelle admiration qui a salué le lever, sur l'horizon de l'art, du génie de Beethoven; on peut même assurer qu'il mêle encore quelques grains de critique à l'encens qu'il brûle en l'honneur de l'immortel auteur des symphonies. Je le dis avec regret, l'esprit d'initiative et de progrès, l'instinct et l'amour des nouveautés hardies manque généralement au chef d'orchestre; aussi condamne-t-il sans rémission tous les pas aventureux de nos jeunes harmonistes, en dehors des voies les plus largement, les plus facilement tracées. L'imprévu le trouble et le déconcerte, l'inconnu le jette dans de vértitables perplexités [...]. En dernier examen, le chef d'orchestre, à part quelques bizarreries, quelques inégalités d'humeur qu'expliqueront suffisamment les détails qui vont suivre, est un homme aux mœurs douces et retenues, aux relations faciles et quelquefois utiles. [...]
Le chef d'orchestre se livre tout entier et sans défense à l'observation critique, du moment où il a pris possession de son siège. Là, le sentiment chaque jour plus despotique pour lui du respect humain l'abandonne complètement; la nature reprend ses droits, et il cède à ses impressions d'artiste avec une spontanéité qui se traduit trop souvent par la multiplicité et l'exagération des gestes. Mais il faut l'excuser, en songeant qu'il se trouve alors soumis à une sorte de galvanisme d'une puissance singulière. [...] A lui, comme au foyer

d'une ellipse immense, vient se réfléchir le bruit de ces formidables voix qui, multipliées par les échos de la salle, jouent d'un bout de l'orchestre à l'autre le grand drame de la symphonie et il faut que son oreille, conservant, au milieu de ce choc tumultueux des sons les plus variés, une faculté de perception vraiment merveilleuse, saisisse au même instant les moindres déviations d'expression, de justesse et de mesure dont se sera rendu coupable le plus obscur symphoniste. Et vous voudriez que dans cette absorbante préoccupation qui communique à tout son être une sorte de trépidation fébrile, il gardât cette sérénité que vous lui connaissez, à l'état de repos? Mais d'ailleurs, quand le premier et défavorable effet que vous aura produit le spectacle de cette grande agitation se sera refroidi, vous ne serez pas longtemps sans remarquer l'aspect poétique du chef d'orchestre, surtout dans les moments décisifs de la symphonie. Il subit alors une véritable transformation : son front se rembrunit, ses cheveux se dressent, ses sourcils se hérissent, ses yeux flamboient; *Deus adest* : il va, il va, comme le coursier du fiancé de Lénore; tenant d'une main les rênes de son orchestre, et de l'autre ce spectre symbolique dont Eole frappait son rocher, il déchaîne ou retient à son gré le flot harmonique. Voyez : tout en lui s'anime et prend une double vie; il se dresse, se rassied et se relève; son pied, sa main, sa tête sont autant de courants électriques dont sa magique baguette semble être le conducteur. Aussi, il enflamme les violons, arrache aux violoncelles leurs notes les plus plaintives, aux altos ces accents mystérieux et presque mystiques qui troublent l'âme et la préparent aux grands effets, aux instruments de cuivre leurs plus formidables explosions, et c'est tout haletant et tout couvert de sueur qu'il arrive à ce crescendo final où l'inspiration du compositeur semble tomber épuisée ou plutôt éblouie, comme si, à force d'évocations, le dieu de l'harmonie lui-même lui fût apparu. Et savez-vous la cause de ce violent transport qui associe si intimement le chef d'orchestre à l'exécution qu'il dirige? C'est qu'il se passe en lui, et sans le concours de sa volonté, un phénomène étrange; un second orchestre, orchestre idéal, orchestre divin, tel que l'a rêvé l'auteur enfin, se fait entendre simultanément dans son âme, et le rend sensible aux plus délicates, aux plus fugitives nuances de la symphonie. De là une immense aspiration vers une perfection qui le fuit toujours, et qu'il poursuit sans cesse; de là des efforts désespérés pour rendre sensible à tout le monde cette audition intuitive qui l'enivre.

Les Français peints par eux-mêmes,
Louis Curmer, T. III, Paris, 1841

Le bonheur de jouer l'orchestre

Souvent voyageur à partir de 1842, Berlioz a laissé un témoignage vivant et pittoresque sur ses tournées de concerts à l'étranger. Le «métier de sergent instructeur» auquel il lui arrive de comparer son activité de chef d'orchestre ne va pas sans de «terribles suées». Mais il en est parfois récompensé le soir du concert.

Le compositeur qui tente, comme je l'ai fait, de voyager pour produire ses œuvres, à quelles fatigues, à quel labeur ingrat et toujours renaissant ne doit-il pas s'attendre!... Sait-on ce que peut-être pour lui la torture des répétitions?... Il a d'abord à subir le froid regard de tous ces musiciens médiocrement charmés d'éprouver à son sujet un dérangement inattendu, d'être soumis à des études inaccoutumées. – Que veut ce Français? Que ne reste-t-il chez lui? Chacun néanmoins prend place à son pupitre; mais au premier coup d'œil jeté sur l'ensemble de l'orchestre, l'auteur y reconnaît bien vite d'inquiétantes lacunes. Il en demande la raison au maître de chapelle : «La première clarinette est malade, le hautbois a une femme en couches, l'enfant du premier violon a le croup, les trombones sont à la parade; ils ont oublié de demander une exemption de service militaire pour ce jour-là; le timbalier s'est foulé le poignet, la harpe ne paraîtra pas à la répétition, parce qu'il faut du temps pour étudier sa partie, etc., etc.»

On commence cependant, les notes sont lues, tant bien que mal, dans un mouvement plus lent du double que celui de l'auteur; rien n'est affreux pour lui comme cet alanguissement du rythme! Peu à peu son instinct reprend le dessus, son sang échauffé l'entraîne, il précipite la mesure et revient malgré lui au mouvement du morceau; alors le gâchis se déclare, un formidable charivari lui déchire les oreilles et le cœur; il faut s'arrêter et reprendre le mouvement lent, et exercer fragments par fragments ces longues périodes dont, tant de fois auparavant, avec d'autres orchestres, il a guidé la course libre et rapide.

Cela ne suffit pas encore; malgré la lenteur du mouvement, des discordances étranges se font entendre dans certaines parties d'instruments à vent; il veut en découvrir la cause : «Voyons les trompettes seules!... Que faites-vous là? Je dois entendre une tierce, et vous produisez un accord de seconde. La deuxième trompette en *ut* a un *ré*, donnez-moi votre *ré!* Très bien! La première a un *ut* qui produit *fa*, donnez-moi votre *ut!* Fi!... l'horreur! vous me faites un *mi b!*

– Non, monsieur, je fais ce qui est écrit!

– Mais je vous dis que non, vous vous trompez d'un ton!

– Cependant je suis sûr de faire l'*ut!*

– En quel ton est la trompette dont vous vous servez?

– En *mi b!*

– Eh! parlez donc, c'est là qu'est l'erreur, vous devez prendre la trompette en *fa*.

– Ah! je n'avais pas bien lu l'indication; c'est vrai, excusez moi.

– Allons ! quel diable de vacarme faites-vous là-bas, vous, le timbalier!

– Monsieur, j'ai un *fortissimo*.

– Point du tout, c'est un *mezzo forte*, il n'y a pas deux F, mais un M et un F. D'ailleurs vous vous servez des baguettes de bois et il faut employer là les baguettes à tête d'éponge; c'est une différence du noir au blanc.

– Nous ne connaissons pas cela, dit le maître de chapelle; qu'appelez-vous des baguettes à tête d'époux? Nous n'avons jamais vu qu'une seule espèce de baguettes.

– Je m'en doutais; j'en ai apporté de Paris. Prenez-en une paire que j'ai déposée là sur cette table. Maintenant, y sommes-nous?… Mon Dieu! c'est vingt fois trop fort! Et les sourdines que vous n'avez pas prises!…

– Nous n'en avons pas, le garçon d'orchestre a oublié d'en mettre sur les pupitres; on s'en procurera demain, etc., etc.»

Après trois ou quatre heures de ces tiraillements antiharmoniques, on n'a pas pu rendre un seul morceau intelligible. Tout est brisé, désarticulé, faux, froid, plat, bruyant, discordant, hideux! Et il faut laisser sur une pareille impression soixante ou quatre-vingts musiciens qui s'en vont, fatigués et mécontents, dire partout qu'ils ne savent pas ce que cela veut dire, que cette musique est un enfer, un chaos, qu'ils n'ont jamais rien essuyé de pareil. Le lendemain le progrès se manifeste à peine; ce n'est guère que le troisième jour qu'il se dessine formellement. Alors, seulement, le pauvre compositeur commence à respirer; les harmonies bien posées deviennent claires, les rythmes bondissent, les mélodies pleurent et sourient; la masse unie, compacte, s'élance hardiment; après tant de tâtonnements, tant de bégaiements, l'orchestre grandit, il marche, il parle, il devient un homme!

L'intelligence ramène le courage aux musiciens étonnés; l'auteur demande une quatrième épreuve; ses interprètes, qui, à tout prendre, sont les meilleures gens du monde, l'accordent avec empressement; cette fois, *fiat lux*!

– Attention aux nuances! Vous n'avez plus peur?

– Non! donnez-nous le vrai mouvement? - Via! Et la lumière se fait, l'art apparaît, la pensée brille, l'œuvre est comprise! Et l'orchestre se lève, applaudissant et saluant le compositeur; le maître de chapelle vient le féliciter; les curieux qui se tenaient cachés dans les coins obscurs de la salle, s'approchent montent sur le théâtre et échangent avec les musiciens des exclamations de plaisir et d'étonnement, en regardant d'un œil surpris le maître étranger qu'ils avaient d'abord pris pour un fou ou un barbare. Qu'il s'en garde bien, le malheureux! C'est l'heure pour lui de redoubler de soins et d'attention. Il doit revenir avant le concert, pour surveiller la disposition des pupitres, inspecter les parties d'orchestre et s'assurer qu'elles ne sont point mélangées. Il doit parcourir les rangs, un crayon rouge à la main, et marquer sur la musique des instruments à vent des désignations de tons usitées en Allemagne, au lieu de celles dont on se

sert en France; mettre partout : *in C, in D, in Des, in Fis* au lieu de en *ut*, en *ré*, en *ré* bémol, en *fa* dièse. Il a à transposer pour le hautbois un solo de cor anglais, parce que cet instrument ne se trouve pas dans l'orchestre qu'il va diriger, et que l'exécutant hésite souvent à transposer lui-même. Il faut qu'il aille faire répéter isolément les chœurs et les chanteurs, s'ils ont manqué d'assurance.

Mais le public arrive, l'heure sonne; exténué, abîmé de fatigues de corps et d'esprit, le compositeur se présente au pupitre-chef, se soutenant à peine, incertain, éteint, dégoûté, jusqu'au moment où les applaudissements de l'auditoire, la verve des exécutants, l'amour qu'il a pour son œuvre le transforment tout à coup en machine électrique, d'où s'élancent, invisibles, mais réelles, de foudoyantes irradiations. Et la compensation commence. Ah! c'est alors, j'en conviens, que l'auteur-directeur vit d'une vie aux virtuoses inconnues! Avec quelle joie furieuse il s'abandonne au bonheur de *jouer de l'orchestre*! Comme il presse, comme il embrasse, comme il étreint cet immense et fougueux instrument! L'attention multiple lui revient; il a l'œil partout; il indique d'un regard les entrées vocales et instrumentales, en haut, en bas, à droite, à gauche; il jette avec son bras droit de terribles accords qui semblent éclater au loin comme d'harmonieux projectiles; puis il arrête, dans les points d'orgue, tout ce mouvement qu'il a communiqué; il enchaîne toutes les attentions; il suspend tous les bras, tous les souffles, écoute un instant le silence… et redonne plus ardente carrière au tourbillon qu'il a dompté.

H. Berlioz, *Mémoires*,
Editions Garnier - Flammarion, 1969

Wagner chef d'orchestre

Par son exemple et par ses écrits, Wagner fut, plus encore que Berlioz, le premier chef d'orchestre moderne. Plusieurs témoignages permettent d'imaginer ce qu'était son style de direction.

«Un triton géant»

Ce premier texte est celui d'une jeune musicienne américaine, Amy Fay, élève de Franz Liszt, qui, dans une de ses lettres, décrit un concert donné par Wagner le 5 mai 1871, à Berlin, devant l'empereur Guillaume Ier, l'impératrice et la cour.

Wagner a donné ici, à l'Opéra, un grand concert qu'il a dirigé lui-même; le programme était rempli de ses compositions, à l'exception de la *Cinquième Symphonie* de Beethoven, qu'il est seul, dit-il, à comprendre. Ceci surprit à Berlin, mais, après le concert, on fut unanime à déclarer ne l'avoir jamais entendue aussi bien jouée. Wagner en a une conception toute particulière. […] L'orchestre devait être composé de deux cents exécutants. Les applaudissements furent on ne peut plus enthousiastes et, finalement, ils dégénérèrent en une avalanche de fleurs et de couronnes. Wagner saluait, s'inclinait, puis saluait encore; il semblait que personne ne retrouverait jamais son calme. A la fin du concert une autre avalanche de fleurs arriva, et la *Marche du Kaiser* fut redemandée. Elle produit un effet! Après la tempête de sons de l'introduction, les tambours font leur entrée avec un tat-tat-tat-tat-tat bref et aigu, puis les cuivres commencent l'air et l'amplifient en un crescendo qui finit en un tel éclat et retentissement que vous vous sentez frissonner jusqu'à la moelle des os. Il semble qu'un tremblement de terre va ouvrir le sol sous vos pieds.

Le bruit était aussi fort que celui du déferlement de la houle. Je n'ai jamais eu l'idée de rien, en musique, pouvant approcher de cela. Wagner me faisait penser à un triton géant se transportant au milieu des flots et choquant, d'une main contre l'autre, de grandes vagues de son. On ne voyait pas sa figure, seulement son dos, mais l'on pouvait deviner toutes ses émotions; chacun de ses mouvements parlait.

Amy Fay,
Lettres intimes d'une musicienne américaine, Paris, 1907

Un tempo fluctuant

«Il faudra toujours reconnaître à Wagner un mérite, a écrit Furtwängler, celui d'avoir été le premier, par ses écrits et plus encore par ses exécutions au concert… à montrer ce qu'était réellement Beethoven.» L'originalité de ses interprétations ne faisait cependant pas l'unanimité. Wagner avait contre lui plusieurs critiques influents, dont le Viennois Eduard Hanslick (1825-1904), partisan de Mendelssohn, Schumann et Brahms, et qui défendait une conception néo-classique, formaliste de la musique, débarrassée des «impuretés» du sentiment et du drame.

Lorsque, le 12 mai 1872, Wagner dirigea un grand concert à Vienne, avec au programme notamment la Symphonie héroïque *de Beethoven, Hanslick en rendit compte dans la* Neue Freie Presse *«et conclut que si Wagner faisait école nous serions rapidement bons pour l'asile de fous».*

Wagner est considéré comme un brillant chef d'orchestre. Il a des vues excellentes et sait, avec toute la compétence qui est la sienne, les communiquer aux musiciens. Son interprétation vigoureuse de la *Symphonie héroïque*, riche en nuances fines et variées, fut au total un réel plaisir. Et, cependant, ce serait une chose bien triste si c'était seulement hier, et grâce à sa bienveillante intervention, que nous avions appris à connaître et comprendre cette œuvre. Beethoven, après tout, la composa ici même à Vienne et en dirigea lui-même l'exécution. Il serait d'une impardonnable ingratitude de ne pas reconnaître que le même orchestre, sous la direction de Herbeck et Dessoff, a donné de la *Symphonie héroïque* d'excellentes interprétations, et qui demeurent tout aussi excellentes après le concert d'hier de Wagner [...]. Sans l'assurance personnelle de Beethoven que la conception de Wagner est la seule fondée et que ce qu'elle contient d'apparemment wagnérien est en réalité purement beethovénien, nous ne pouvons reconnaître à l'homme de l'heure le droit de traiter d'ignorants tous ceux qui s'aventureraient à diriger la *Symphonie héroïque*.

La nouveauté dans l'interprétation de Wagner réside, pour dire les choses rapidement, dans de «fréquentes modifications du tempo» à l'intérieur d'un même mouvement. Cette expression, ainsi que celle de «compréhension correcte du chant (*melos*)», qui fournirait la clé du tempo juste, lui servent à définir la réforme qu'il réclame et qu'il s'efforce de mettre en œuvre dans ses exécutions des symphonies de Beethoven. Et de fait, il existe des mouvements où cette «monotonie dynamique» tant détestée par Wagner peut être avantageusement activée ou rompue. Ainsi dans le final de la *Symphonie héroïque*. Il repose essentiellement sur des variations, et chaque variation du thème principal est indubitablement susceptible de «modifications de tempo» relativement marquées. Une succession de variations jouées toutes dans le même tempo risque facilement de tomber dans un formalisme insipide. Les changements de tempo de Wagner dans ce mouvement avaient un effet des plus séduisants. Partout ailleurs, il semble avoir poussé

trop loin ses «modifications». C'est ainsi, par exemple, qu'après une attaque extrêmement rapide du premier mouvement, il aborde le second thème (45e mesure) de manière nettement plus lente, brouillant ainsi la perception de l'auditeur encore à peine installé dans l'atmosphère fondamentale du mouvement et faisant glisser le caractère héroïque de la symphonie vers le sentimental. […]

Si les principes d'exécution de Wagner étaient universellement adoptés, ses changements de tempo seraient la porte ouverte à un intolérable arbitraire, et l'on ne tarderait pas à se retrouver avec des symphonies «librement adaptées de Beethoven», au lieu d'être de Beethoven, chacune avec un caractère différent suivant le chef d'orchestre. Le tempo *rubato*, ce mal musical qui affecte l'interprétation de tant d'instrumentistes et de chanteurs, ravagerait bientôt nos orchestres, et c'en serait fini du dernier élément sain de notre vie musicale. [...] Si tous les compositeurs d'opéra devaient écrire dans le style de *Tristan et Isolde*, nous, auditeurs, serions rapidement bons pour l'asile de fous; et si les «modifications de tempo» de Wagner devaient s'imposer dans nos formations, alors chefs d'orchestre, violonistes et instrumentistes à vent ne tarderaient pas à venir nous y rejoindre.

Eduard Hanslick,
Die Neue Freie Presse (Vienne),
mai 1872

Dessiner dans l'air

Dix jours après ce concert, le 22 mai 1872, Wagner dirigeait la Neuvième Symphonie *au Théâtre du Margraves à Bayreuth à l'occasion de la pose de la première pierre du Théâtre des Festivals. Emile Heckel (1831-1908), qui avait fondé à Mannheim la première «Association Wagner» pour la construction de ce théâtre, assista à cette exécution mémorable et aux répétitions au cours desquelles il nota une particularité du style de direction de Wagner : son refus de battre la mesure dans certains passages, où elle risquait de nuire à l'expression.*

Pendant les répétitions de la *Symphonie* avec chœurs, dans le théâtre des anciens Margraves de Bayreuth, le maître fit de nouveau preuve de sa faculté incomparable de hausser ses exécutants au-dessus de leur niveau habituel.

Lorsque Niemann se pencha hors de la loge dite des «trompettes», où avaient été placés les solistes, et s'écria au commencement du quatuor vocal : «Maître, si vous ne me battez pas la mesure à ce passage, je ne pourrai pas chanter», Wagner répondit : «Je ne battrai pas la mesure, car votre diction deviendrait trop raide. Vous devez chanter cette phrase tout à fait librement; vous êtes un artiste remarquable, et vous pouvez le faire; voilà pourquoi je vous ai choisis, vous et vos camarades, pour le quatuor. Je vais vous dessiner cela dans l'air.»

De même, quand on en vint au solo des violoncelles et des contrebasses, il dit : «Messieurs, cela maintenant, il faut que vous le sachiez par cœur. Regardez-moi. Il n'y a pas à battre la mesure; je vous ferai le dessin dans l'air; cela doit parler».

Et l'effet fut admirable.

Lettres d'Emile Heckel,
traduction de Louis Schneider,
Paris, Bibliothèque Charpentier, 1929

Le parfum de l'âme

Parmi les témoins de cette exécution de la Neuvième *figurait aussi le jeune Friedrich Nietzsche; et sans doute s'en souvenait-il, lorsque, quelques années plus tard, il rédigea cette réflexion sur Wagner interprète de Beethoven :*

Quand Richard Wagner exécute un morceau de Beethoven, il va de soi qu'à travers Beethoven c'est l'âme de Wagner que l'on entendra chanter et que le temps, les intensités, l'interprétation de phrases isolées, le caractère dramatique imposé à l'ensemble seront wagnériens et non pas beethovéniens. Libre qui veut de s'en scandaliser; Beethoven, lui, aurait dit : «Cela est de moi et de toi, mais s'accorde bien; c'est ce que l'on devrait toujours avoir.» En revanche, quand de petits interprètes jouent Beethoven, Beethoven y prendra quelque chose de leur petite âme – car le parfum de l'âme s'attache aussitôt à la musique, dont rien ne peut le chasser –, Beethoven, je le crains, n'y prendrait aucun plaisir, et il dirait : «Cela est moi et n'est pas moi, le diable t'emporte!»

Friedrich Nietzsche,
Humain, trop humain. Fragments posthumes, 1876-1878

Wagner, metteur en scène

Aux yeux de Wagner, le principal défaut des chefs d'orchestre de son temps était, à l'opéra, d'ignorer qu'une étroite interdépendance devait se manifester, sous leur autorité, entre l'orchestre et la scène; le geste du chanteur acteur devait prolonger avec «la précision la plus absolue» celui du chef–compositeur. Eût-il été acteur, Wagner aurait été le plus grand de son temps, a remarqué Ernest Newman, son principal biographe. Après plus de trente ans, l'imprésario Angelo Neumann conservait, ineffaçable, le souvenir des répétitions de Tannhäuser *et de* Lohengrin *que Wagner dirigea à l'Opéra de Vienne en novembre 1875.*

Vers la fin de l'automne de 1875, alors que je faisais encore partie de la troupe de l'Opéra de la Cour, j'eus la bonne fortune d'assister à toutes les répétitions que nécessitaient les études et une nouvelle mise à la scène de *Lohengrin* et de *Tannhäuser,* et j'y étais d'autant plus empressé que mon projet de prendre moi-même la direction d'un théâtre paraissait devoir se réaliser dans un avenir rapproché. Quel incomparable metteur en scène nous avions devant nous! Comme il savait communiquer son enthousiasme aux artistes et, par ses gestes et sa mimique, réaliser, aux yeux de chacun d'eux, l'idéal auquel il devait tendre! [...] Depuis ce jour-là, je ne peux assister à une représentation de *Tannhäuser* ou de *Lohengrin* sans que, dans ces mêmes scènes, son image ne s'évoque immédiatement à mon esprit!

[...] Dans *Lohengrin* il jouait aux différents acteurs leur rôle, leur indiquant chaque pas et jusqu'aux mouvements qu'ils devaient faire! Je n'oublierai jamais l'expression extatique que prenait sa figure, lorsqu'il revenait vers son cygne : «*Mon cygne aimé, à toi merci*».

Il est impossible de décrire avec quelle âme il chantait *Lohengrin* tout entier. Il indiqua à Elsa toute sa mimique, toutes ses attitudes, jusqu'aux moindres mouvements des bras, pendant toute la longue scène qui a lieu devant le roi. Lorsque nous le vîmes, dans son costume de tous les jours, se coiffer du casque de Lohengrin, saisir son épée et son bouclier et se précipiter sur Telramund, nous ne pûmes nous empêcher de sourire. Mais nous ne tardâmes pas à être saisis de stupeur et d'admiration, lorsque nous vîmes avec quelle adresse et quelle agilité il poursuivait le combat, comme s'il n'avait jamais fait autre chose que manier une épée et un bouclier! Telramund avait grand'peine à se défendre. Lorsque Wagner l'eut terrassé d'un coup d'épée, et que, le genou ployé il touchait légèrement du pied gauche le corps de son adversaire étendu à terre, en frôlant presque sa poitrine de la pointe de son épée, au moment où il chantait : «*Par Dieu frappé, ta vie est dans ma main!*» il ressemblait absolument à un héros divin. Et comme, dans le finale, il savait mimer à Elsa l'enthousiasme avec lequel elle devait se précipiter vers Lohengrin, et stimuler la sympathie du chœur pour les vainqueurs! Lorsque le rideau tomba sur la fin du premier acte, les musiciens de l'orchestre se précipitèrent sur la scène, tout le personnel des chœurs, les solistes, le directeur entourèrent le Maître, et il s'en fallut de peu qu'on ne le soulevât sur les épaules pour le porter en triomphe. Mais Wagner, que cette ovation spontanée avait manifestement ému, refusa d'un geste, et dit : «Ça suffit, ça suffit, mes enfants! En voilà assez».

[...] Mais ce fut surtout au troisième acte que Wagner déploya tout son

prestigieux talent de metteur en scène : il y fut merveilleux. Il joua et chanta presque toute la scène de la chambre nuptiale. Jamais je n'oublierai l'expression de tristesse toujours plus profonde que prenait sa figure, lorsque Lohengrin s'aperçoit qu'Elsa est sur le point de trahir son serment. Il y avait quelque chose de surnaturel dans ses traits, lorsque, avec un geste d'une grâce inimitable et le regard transfiguré, il conduisait Elsa à la fenêtre, l'ouvrait délicatement de la main gauche et chantait à Elsa, suspendue à son bras droit : *«Viens, respirons tous deux ces tièdes brises!»* Dans ces moments, son visage si expressif, ou se révélait tant d'âme et de caractère, revêtait une beauté vraiment idéale.

Angelo Neumann,
Souvenirs sur Richard Wagner,
traduit par M. Remon et W. Bauer,
Paris, Calmann-Levy, 1948

Dernier acte

La dernière fois où Wagner prit la baguette, ce fut, incognito, lors de la troisième et dernière représentation de Parsifal *à Bayreuth, le 29 août 1882; il dirigea la dernière scène, à partir de la vingt-troisième mesure de l'interlude symphonique qui suit l'«Enchantement du Vendredi Saint». Emile Heckel était dans la confidence. (Le jeune Weingartner qui assistait à ces représentations le sut le lendemain.)*

Wagner nous réserva à la fin encore une grande surprise, restée pour moi inoubliable. Lors de la dernière représentation de *Parsifal,* il prit inopinément la résolution de conduire en personne le dernier acte à partir de la musique qui accompagne le changement de scène. Il ne communiqua son intention qu'à quelques amis. Levi et Fischer, qui dirigeaient alternativement *Parsifal*, restèrent à l'orchestre pour donner aux exécutants les signes accoutumés. Le maître put donc, sans aucun souci de la partie pratique de sa tâche, s'occuper uniquement d'une interprétation absolument adéquate du point de vue du rythme et de l'expression.

L'ampleur majestueuse et le sentiment profond qui distinguaient surtout l'œuvre trouvèrent une exécution admirable. La force de la grande scène d'Amfortas surpassa en puissance tout ce que j'avais jamais vu. Reichmann, l'interprète d'Amfortas, me dit après la représentation : «On ne supporte cela qu'une fois. A cette dépense d'énergie, à ce déploiement de la voix, le maître seul peut nous contraindre.» Les musiciens de l'orchestre qui tenaient les instruments à vent s'exprimèrent d'une façon analogue. Tous les artistes avaient volontairement donné leur force tout entière. Ce que cette heure nous avait offert ne reviendra plus jamais. La conduite du dernier acte de *Parsifal* fut le dernier haut fait de Wagner comme directeur d'orchestre.

Lettres d'Emile Heckel, op. cit,
pp. 198-199

Silhouettes

Lorsque, dans les dernières années du XIXe siècle, les chefs d'orchestre prirent goût aux voyages, leurs portraits, l'évocation de leur mimique devinrent des morceaux de bravoure obligés de la critique musicale.

Voici un choix de silhouettes, dues à quelques-uns des plus talentueux critiques parisiens de cette époque : Jean Marnold, du Mercure de France*; Romain Rolland; Claude Debussy, qui chroniqua quelque temps au* Gil Blas*; Claudine, alias Colette Willy, dont Willy tenait la plume; Willy lui-même – un des pseudonymes de Henry Gauthier Villars – l'auteur des spirituelles «Lettres de l'Ouvreuse» qui, de 1889 à 1910, firent la joie des lecteurs de* l'Echo de Paris, *puis de* Comoedia.

Felix Weingartner

De tous les chefs étrangers qui se produisirent à Paris avant la Première Guerre mondiale, Weingartner (1863-1942) fut le plus souvent invité et le plus apprécié. On comprend donc qu'il ait excité la verve des critiques – d'autant qùe, comme tous ses confrères, avant de s'assagir et d'atteindre à une remarquable sobriété, Weingartner fit des débuts chorégraphico-sémaphoriques.

La sveltesse de l'aimable *Kapellmeister* prend les proportions d'une calamité. On sent tout le bienfait d'une corpulence qui induisait jadis un Pasdeloup et un Lamoureux à laisser au moins leurs pieds à la même place. Pour l'ingambe juvénilité de M. Weingartner – qui donc lui soupçonnerait trente-neuf ans d'âge au mois de juin prochain? –,pirouetter sur les talons n'est qu'un jeu, comme aussi bien d'ailleurs tout ce qui, sauts, écarts ou flexions, ressortit des extrémités inférieures, et le trémoussement des supérieures entend ne le céder en rien à la locomobilité de leurs opposites. On l'aperçoit de profil, le corps exactement coudé en angle obtus, tricoter du doigt gauche et du bâton droit le trait difficile échu aux premiers violons, puis, soudain retourné,

lancer un invisible hameçon dans l'embouchure des trombones ou parmi les méandres circonvolutés des cors. L'instant d'après, le magnétisme flou de sa verge d'ébène transmet l'adéquat effluve au soupir nuancé de la clarinette : un spasme impérieux autorise ou retient les borborygmes des bassons; sous la trajectoire d'un zigzag olympien, la batterie éructe son tonnerre illuminé de l'éclair des cymbales. On est déjà un peu ahuri. Mais combien cet émoi se décèle illusoire au prix du trouble dont on est saisi quand le discours sonore a mission d'illustrer le canevas d'un programme! Entre les mains – et les pieds – de M. Weingartner, la «Marche au supplice» de la *Symphonie fantastique* devient un mélo funambulesque, et son zèle en prétend mimer, tragiquement et par le menu, les péripéties hétéroclites. Encore qu'on ne le puisse contempler que de dos, on frémit de l'énergie qu'on le voit déployer à se frictionner de haut en bas les pectoraux en cadence; de l'escrime où, le poing senestre crispé sur la couture du pantalon, il défie, embroche ou lacère un chimérique ennemi. On se rassure comme il se calme et, hiératique, bénit des deux bras étendus son orchestre ou le condamné; mais lorsque, d'un geste homicide, il coupe à la fois la queue de l'*Idée fixe* et la tête de l'infortuné, on se constate angoissé de la moelle aux hypocondres et transi jusqu'au fond des entrailles viscérales.

Jean Marnold,
Le Mercure de France, mai 1902

Je suis toute à Weingartner, qu'on regarde autant qu'on l'écoute. Long, long et glabre, une figure blême, qui rosit vite, de séminariste illuminé, il conduit épatamment, avec des gestes magnifiques ou ridicules. L'habit trop court remonte aux saccades ataxiques des bras, volette au rythme des poings martelants. Cet Allemand s'intoxique, jusqu'à l'épilepsie, de la musique qu'il déchaîne. Je l'envie.[…]

Ce gesticuleur, de qui Don Quichotte eût chargé les bras tournoyants, c'est lui, c'est bien lui, qui fignole des romances fadasses excellemment traduites par Me Chevillard, excellemment chantées par Me Raunay? Ô antithèse! Ça me rappelle Tristan Bernard, qui abrite sa fantaisie sans frein sous une barbe funèbre.

Claudine (Colette Willy),
Gil Blas, 9 février 1903

M. Weingartner, physiquement, donne à première vue l'impression d'un couteau neuf. Ses gestes ont une élégance quasi rectiligne; puis, tout à coup, ses bras font des signes implacables qui arrachent des mugissements aux trombones et affolent les cymbales… C'est très impressionnant et tient du thaumaturge; le public ne sait plus comment manifester son enthousiasme.

Claude Debussy,
Gil Blas, 16 février 1903

Richard Strauss

Après Weingartner, Richard Strauss était, à la Belle Epoque, le chef étranger le plus familier du public parisien. En attendant de se convertir à l'impassibilité, il jouait comme d'un instrument de son long corps flexible et nerveux.

Ainsi le décrivait son ami Romain Rolland au cours d'une répétition de la Symphonie Domestica *en 1906. Deux ans plus tard, l'Ouvreuse n'appréciait que modérément la «brutalité» avec laquelle il dirigeait la Philharmonie de Berlin dans la* Septième Symphonie *de Beethoven. Une critique teintée de l'antigermanisme de nouveau en hausse dans l'opinion depuis la crise de Tanger.*

Strauss vient diriger la *Symphonie Domestica* pour la première fois à Paris. Il a un laisser-aller qui semble s'accentuer, d'année en année. Il dirige de tout le corps – bras, tête et derrière ensemble; il semble par moment danser sur ses genoux; il s'accroupit; il a des mouvements de main nerveux et trépidants, comme des vibrations électriques. Il fait des explications en très mauvais charabia français et chante faux les passages qu'il veut recommencer; il n'a aucun souci du ridicule; il a toujours l'air ennuyé, boudeur, et un peu endormi – ne laissant rien échapper pourtant. Sa musique me remue les entrailles. Le finale est pour moi un flot de force et de joie. On se demande toujours comment *cela* a pu sortir de *ceci*. Mais, mieux que personne, je dois le savoir.

R.Rolland, 25 mars 1906,
Cahier Romain Rolland, n° 3,
Albin Michel, Paris 1951

[...] Richard Strauss conduit la *Symphonie en la* de Beethoven avec des souplesses déhanchées, avec un très joli *rubato,* avec des oppositions à la Nikisch, de force éclatante et de pianissimo câlin, que chez un chef d'orchestre français la

critique française stigmatiserait comme théâtrale à l'excès. Peut-être n'aurait-elle pas tort, la critique française.

D'ailleurs, on ne s'embête pas une minute, soit qu'après les copieux développements de l'Introduction, se dégage peu à peu, sournoisement en catimini, pour s'imposer ensuite, ce bondissant *six-huit* infatigablement galopeur; soit que le cor, au Presto y aille de ses mélancoliques *la, sol dièze, la, sol dièze* entre les deux reprises du trio, tout seul, sous les tenues du quatuor; soit qu'au finale, le général Richard Strauss mène ses troupes à l'assaut du *deux quatre* en *la* tout ce qu'il y a de plus *majeur,* chahut, orgie rythmique, «Ya d'la goutte à boir' là-haut!»… C'est parfait, parfait vous dis-je, – aussi bien que le mois dernier, au Conservatoire

avec Marty.

Marnold, à qui je soumets timidement quelques objections contre la brutalité de Strauss, me répond, sarcastique :

– Ouvreuse, il n'est pas mauvais que la fougue impétueuse de cet Allemand et ses brutalités même viennent, de temps en temps, écraser les orteils de ton esthétisme puriste et révéler tes engelures !

Willy, «Lettre de l'Ouvreuse», *Comoedia,* 27 avril 1908

Arthur Nikisch

On craignit des manifestations patriotiques lors de la première apparition de Nikisch à Paris, en mai 1897. C'est qu'il ne venait pas seul : son orchestre l'accompagnait, la Philharmonie de Berlin, à la tête de laquelle il avait succédé à Richard Strauss deux ans auparavant, en même temps qu'il prenait la direction du Gewandhaus de Leipzig. Mais outre les précautions prises par le préfet de police, le charme du bel Autrichien conquit le public et la critique, y compris l'Ouvreuse de Willy, laquelle, cependant, se montrera par la suite plus réservée sur ses mérites musicaux...

Depuis une semaine, la Préfecture de police était inondée de lettres, de petits bleus, de cartes postales – tout ça rigoureusement anonyme – contenant des variations rageuses sur ce thème : «Puisque vous permettez à des musiciens allemands de jouer en plein Paris, nous reconduirons comme il faut ces suppôts de Guillaume…» Aussi le Cirque d'hiver s'émaillait-il, dimanche, de flics en bourgeois, le gouvernement estimant que, pour sauvegarder un orchestre de Berlin, on ne pouvait trop *Spréecautionner.*

Bien inutile, la mobilisation des agents-aux-croquenots-démesurés; pas un instant le succès des instruments dirigés par le beau Nikisch n'a été douteux et, après la première partie, c'est devenu un véritable triomphe. Mais procédons par ordre : en entrant, le kappelmeister est accueilli par un coup de sifflet, un seul – sans doute un vieux patriote qui était resté endormi sous les banquettes depuis le dernier concert Pasdeloup –, et tout de suite une formidable protestation d'applaudissements retentit, cependant que le chef d'orchestre d*e* Gev*au*dhaus de Leipzig (ainsi s'exprime le programme bleu) salue d'un air pénétré. Je le contemple, toutes les femmes le contemplent. […]

C'est un beau brun, Nikisch (Arthur pour les Viennoises), des cheveux esthétiquement ébouriffés, le teint d'une matité pâle, tel un Tzigane qui aurait joué du violon toute la nuit chez les princesses; bref, très chic; un peu plus de naturel, et ce serait la perfection. Sa manière de conduire? Oh! pas banale! Imaginez un mélange d'excessive souplesse et d'élégance glissant parfois à la mièvrerie – un *rubato* de fleurs –, qui, tout de suite, a emballé la foule, séduite par la grâce des arabesques et des entrelacs que décrit le bâton du chef d'orchestre, par les savantes ondulations de sa main gauche, aristocratiquement petite, par toute la joliesse un tantinet poseuse, *echtwienerisch*, de cet Autrichien langoureusement roublard – ses nonchalances sont ses plus grands artifices – qui connaît son public comme son *Prater*.

«L'Ouvreuse», *L'Echo de Paris*, 10 mai 1897

Nikisch! Nikisch! Nikisch! Ça, c'est le chef d'orchestre qui potasse les symphonies devant son armoire à glace. Dieu, que le gars est beau! Chantons le génie de cet harmonieux avant-bras, disons la gloire de ce subtil poignet, exaltons l'humérus esthétique et le divin cubitus de l'homme qui surpasse tous ses semblables dans l'art de remuer ses pattes de devant!

On peut être plus chercheur et plus consciencieux que lui dans le choix des mouvements et des nuances, on ne peut être plus élégant dans la gesticulation. [...] Et c'est une perpétuelle jouissance pour l'œil, lors même que l'oreille n'y trouve pas son compte.

L'Echo de Paris, 5 juin 1905

Au Châtelet, Nikisch triomphe, un peu marqué, mais toujours bon, toujours cabotin, toujours bluffeur, toujours acclamé – le bluff à la mode! De la manchette à chaîne et démesurée, sa blanche main sort, savamment poudrerizée, qui tient avec d'ineffables grâces le bâton de mesure; je devrais dire le «bâton de nuance», car le capellmeister, de qui la mèche affole les personnes de mon sexe, ne bat point les mesures, mais suggère à l'orchestre conquis l'âme et le rythme des œuvres qu'il dirige, par les astuces d'une mimique *ad hoc*. C'est ainsi qu'il réussit à rendre presque intéressante la *Deuxième Symphonie de Brahms.*

L'Echo de Paris, 9 janvier 1905

Willem Mengelberg

Dernier portrait de cette brève galerie : Willem Mengelberg – le chef du Concertgebouw d'Amsterdam de 1895 à 1945 – évoqué ici par l'Ouvreuse, à la tête de l'orchestre Colonne en 1907, dans l'un de ses chevaux de bataille, la Sixième Symphonie *de Tchaïkovski.*

Notre Edouard Colonne s'occupant d'exportation – il dirige, en Russie, quelques séances de moujik –, son trône, cet après-midi, est occupé, et son sceptre brandi par Willem Mengelberg, chef d'orchestre du «Concertgebouw» d'Amsterdam, très rasé, très frisé, très prisé.

[...] Où allons-nous? : à peine terminé le premier mouvement, les bravos éclatent! C'est un gros succès. Pourquoi? Parce que la musique russe (ou étiquetée ainsi) plaît aux âmes nationalistes; parce que cette médiocrité orchestrée avec une banalité facile plaît aux âmes faciles, banales et médiocres; parce que le talent de Tchaïkovski plaît aux âmes… bâtées. Et surtout parce que le chef d'orchestre hollandais conduit avec une souplesse merveilleuse, une habileté géniale que, pour ma part, je place fort au-dessus des fausses délicatesses, trop voyantes, de Nikisch. De la dextre, il bat la mesure; de la gauche, il bat la nuance, le musico bat la campagne; le public bat des mains. Je vous dis que c'est prodigieux! Romain Rolland semblait déplorer que tant d'art fût mis au service d'une si piètre musique; et moi, révérence parler, j'en bavais.[…]

Il faut le voir, ce charmeur du Zuiderzee, fignoler ses aériennes arabesques, avec des grâces de fillette qui flirte – «Miss Mengelberg of Holland» – dans cet *Allegro con grazia* – con *grazia* et *senza fantasia* – qui déchaîne particulièrement ma rancune car je ne peux pas dormir sur des rythmes à cinq-quatre.

Quand, des bois aux cordes, sautille le rythme de tarentelle (*Allegro molto vivace*) le Hollandais agite au-dessus de sa tête un virtuel tambour de basque. La face livide, convulsée, il s'arrache un profond soupir de l'abdomen lorsque la mélodie se traîne en *si mineur*, pleurarde, *lamentoso.* Mais c'est surtout au cours de l'active et affreuse Marche, qu'il culmine, satisfait comme s'il conduisait les héroïques splendeurs de la marche d'*Antar*. Il se cambre, il appuie à sa hanche son bâton orné d'une dragonne d'or, et cependant que le timbalier semble mettre en mouvement un forcené diabolo, calme, parmi les tempêtes instrumentales, le front nimbé, M. Mengelberg défile…

Comoedia, novembre 1907

Le chef d'orchestre à l'opéra

Longtemps l'opéra fut la grande école de direction d'orchestre; rares, jusqu'à une date récente, les grands chefs qui n'y passèrent pas de longues années – non sans déplorer, généralement, la médiocrité des résultats obtenus.

Il est plus difficile de diriger un opéra qu'un concert

L'opéra, en raison de son hétérogénéité, impose au chef une tâche plus complexe que le répertoire symphonique. Sans cesse il doit veiller à maintenir l'harmonie entre la fosse et la scène, acquérant ainsi le coup d'œil, le sens de la précision et le sang-froid qu'exige le théâtre où souvent l'imprévu arrive et menace de tourner au désastre. Un savoir-faire qu'un routier aussi aguerri que Karl Böhm (1894-1981) possédait parfaitement.

Il est plus difficile de diriger un opéra qu'un concert dans la mesure où cela demande plus d'expérience. Lorsque j'ai trois répétitions avec un orchestre symphonique (dans les symphonies classiques, il n'y a pratiquement pas de changements de mesure), que peut-il arriver? Dans un opéra, il faut être constamment présent, au cas où les chanteurs auraient des difficultés. Il y a certains types de voix qui sont particulièrement grandioses dans l'art d'« extemporer » (sortir du *tempo*); il faut donc être sur le qui-vive et seule l'expérience peut aider. J'ai vu de jeunes collègues très doués n'ayant encore jamais dirigé d'opéra, et qui, dans ce cas, abdiquaient. Seule l'expérience permet de repérer le décalage entre la fosse et la scène, de prendre une décision en l'espace d'une seconde : puis-je retenir le chanteur qui veut m'échapper, ou dois-je lui « courir après » sous peine de tout voir s'écrouler? Heureusement, j'ai appris ce genre de choses dès le début, car j'ai commencé par la musique de théâtre, et dirigé d'innombrables opérettes, ce qui m'a permis d'acquérir une grande dextérité dans l'art de faire au chanteur des concessions forcées.

La règle principale pour un chef

d'orchestre, c'est – aussi et surtout pour l'opéra – de maintenir la cohésion de l'orchestre; on «récupérera» le chanteur à un endroit facile à repérer. Mais il faut reconnaître à la décharge des artistes lyriques qu'on ne leur facilite pas toujours la tâche sur scène; ils sont souvent serrés dans un costume qui les boudine, la plupart du temps ils ont le trac, doivent chanter par cœur et jouer dans des positions parfois difficiles. Par exemple, il est clair que le chœur est souvent décalé rythmiquement par ses déplacements : s'il bouge vite, il accélère le tempo, s'il bouge lentement, il le ralentit presque automatiquement. Plus j'aime mon métier, et plus je sais à quel point l'issue d'une représentation dépend exclusivement du chef, qui tient tous les fils, qui détermine les tempi.

Karl Böhm, *Ma Vie,* 1974

Le chef, les chanteurs et la mise en scène

Responsable ultime de la représentation, le chef doit donc non seulement posséder la musique, mais avoir une compréhension profonde de l'action dramatique. D'où l'importance de ses relations avec les chanteurs et avec le metteur en scène. Dès avant la Première Guerre mondiale, Weingartner déplorait la séparation qui s'était établie entre celui-ci et le chef d'orchestre, ainsi que l'absence d'éducation musicale de la plupart des metteurs en scène.

Quant à l'activité spécifique du chef d'orchestre au théâtre, Wagner parle d'or lorsqu'il dit que, de même que la juste compréhension du *melos* indique le juste mouvement, de même la façon juste de diriger un opéra présuppose que le chef d'orchestre ait bien compris la situation dramatique. Dans les faits, il faudra tout d'abord qu'il ait une conception scénique précise de l'œuvre. Celle-ci, en conformité totale avec les indications du compositeur, lui permettra de décider s'il doit accélérer ou ralentir le tempo, comment il doit le modifier et où il pourra accroître ou réduire le volume sonore de l'orchestre. Il ne s'étendra pas par plaisir sur une phrase mélodique, alors que l'interprétation exige un dénouement hâtif; il n'adoptera pas un tempo rapide, aussi heureux soit-il sur le plan musical, lorsque l'action dramatique ralentit, pas plus qu'il ne recherchera des nuances orchestrales qui couvriraient les chanteurs ou détourneraient l'attention de ce qui se passe sur scène.

Ses rapports avec les chanteurs sont d'une importance toute particulière. [...] Le dressage ne sert à rien, bien qu'il puisse être nécessaire d'y recourir avec des natures assez peu douées, qu'il faut bien faire entrer tant bien que mal dans les rangs de l'ensemble. Mais des artistes

de valeur doivent [...] disposer d'un espace suffisant pour y développer leur conception et leur interprétation – il faut même les exhorter à réfléchir par eux-mêmes à ce qu'ils doivent faire. Au cours des répétitions au piano, le chef d'orchestre exigera avec la dernière énergie que les chanteurs apprennent correctement leur rôle, dans les moindres détails. Ce n'est qu'ainsi qu'il sera possible d'obtenir une cohésion parfaite entre la scène et l'orchestre, et de réaliser la condition préalable à toute bonne exécution : un *ensemble* irréprochable. Si, après une étude assidue, les chanteurs commencent à prendre quelques libertés, le chef d'orchestre veillera à ce qu'elles ne soient pas en contradiction avec l'esprit de l'ensemble de l'œuvre, qu'il doit avoir parfaitement assimilé, ni avec le caractère du passage concerné. Weber disait déjà de façon convaincante que la valeur d'un chef d'orchestre ne se mesure pas à la servilité avec laquelle il cède aux caprices des chanteurs – ce qui relève de la routine et non de l'art. [...]

En règle générale, l'activité du chef d'orchestre d'opéra, parce qu'elle dépend de plus de facteurs, est moins autonome que celle du chef de concert, qui est seul responsable de toute la production. [...]

Mais il me faut mentionner encore une habitude néfaste, qui semble vraiment ridicule après tout ce que Wagner a fait et dit, ou même si l'on a simplement un jugement sain, mais qui semble fermement enracinée dans nos théâtres : la séparation totale entre la mise en scène, la régie et la direction musicale. Si l'on monte un nouvel opéra et que le théâtre décide de s'offrir de nouveaux décors et de nouveaux costumes, on transmet un livret avec la commande correspondante à un décorateur, souvent même à une entreprise célèbre étrangère à la ville; et

pendant ce temps, le metteur en scène prépare son plan et le chef d'orchestre fait répéter les chanteurs et l'orchestre. Ce n'est que lorsque les décors sont montés que le metteur en scène remarque qu'il va être contraint de modifier son travail parce qu'un certain nombre d'éléments qu'il avait prévus ne s'intègrent pas aux décors. Et pour peu que le chef d'orchestre arrive alors avec les chanteurs, on s'aperçoit, par exemple, que tel chœur ne peut produire aucun effet musical quand il tourne le dos au public, ou que tel acteur, pendant une ritournelle musicale assez longue, a besoin de beaucoup plus d'espace que prévu. Tous alors se mettent à fulminer, à corriger tant bien que mal à la hâte, ce qui ne manque pas de provoquer de nouveaux dégâts, et, finalement, à l'avant-dernière répétition, on préférerait tout recommencer du début. Mais le jour de la première est fixé, la location assurée, et l'idée même d'un ajournement serait sacrilège. Le sort en est jeté ! [...]

Comme une représentation d'opéra ne peut produire d'effets artistiques que si l'ensemble des nombreux participants travaillent la main dans la main, l'organisation devrait être la suivante : si les directions musicale et scénique ne sont pas confiées à la même personne (ce qui ne serait pas très recommandable, car, une fois que le chef d'orchestre est dans la fosse, il lui est impossible de veiller à tous les détails scéniques), il faut que le metteur en scène et le chef d'orchestre travaillent en commun avec assiduité avant le début des répétitions et se mettent d'accord sur la façon de concevoir l'œuvre. Ils doivent *tous deux* avoir une idée claire et *identique* de l'atmosphère de l'action, de sa traduction visuelle, des tempi et des effets dynamiques. [...]

Pour parvenir à ce résultat, il faut deux éléments distincts. Tout d'abord, le chef d'orchestre doit connaître la scène, s'y intéresser et avoir un bon coup d'œil. Il ne faut pas qu'il s'enterre dans son orchestre en ignorant tout le reste. En second lieu, il faut que le metteur en scène ait une sensibilité et une éducation musicales, et soit aussi à l'aise dans la partition que le chef d'orchestre. On ne devrait jamais engager de chef d'orchestre à l'Opéra qui n'ait d'abord prouvé qu'il pouvait également réaliser une mise en scène, ni de metteur en scène incapable de faire répéter la partie musicale d'un opéra. Et il est tout à fait aberrant que l'on engage quelquefois comme metteurs en scène ou comme directeurs d'Opéra des gens qui ne sont absolument pas musiciens. Mais comme toujours, ce sont évidemment les choses les plus absurdes qui ont toutes les chances d'être maintenues avec un soin jaloux.

F. Weingartner,
De la direction d'orchestre, 1895-1913

«A quoi bon toute cette fange?»

Pessimiste sur l'avenir du théâtre lyrique, Weingartner n'aurait sans doute pas été surpris par l'évolution de la mise en scène d'opéra, surtout depuis les années 1960 : ce qu'il tenait pour aberrant est presque devenu la norme. De même ne se serait-il guère étonné de la survie de l'opéra de répertoire, qu'il condamnait, après tant d'autres.

Dès 1849, Wagner, alors maître de chapelle à Dresde, s'était élevé contre l'obligation de jouer tous les jours, contre cette routine exténuante dont se plaignait déjà Weber. Près d'un siècle plus tard, malgré les combats menés par un Mahler à Vienne et par un Toscanini à la Scala, la situation n'avait pas changé, comme en témoignent ces réflexions de Fritz Busch (1890-1951) qui, après onze ans passés à Dresde, fut un des fondateurs du Festival de Glyndebourne en 1934, et un des principaux artisans de son succès.

L'orchestre pendant qu'on joue une tragédie.

J'ai travaillé durant près de vingt ans comme chef d'orchestre d'opéra à des postes de direction, dans des théâtres comme ceux de Stuttgart et de Dresde; cette activité pourrait m'inciter à placer en exergue de ce chapitre les paroles bibliques: «A quoi bon toute cette fange?» Pour en rester à la Bible, je pourrais également dire, en considérant mon passé : «Cette vie a duré vingt ans; elle m'a coûté peine et travail, mais ne m'a point apporté de délices.» Il m'arrive souvent de m'interroger aujourd'hui, en réfléchissant au travail effectué : combien y a-t-il eu d'exécutions que l'on pourrait qualifier de vraiment satisfaisantes sur le plan artistique? Certes, j'aurais pu éviter ou améliorer bien des choses; mais il m'était impossible de modifier l'essentiel, et la situation restera la même tant que les palais de l'opéra ne seront pas ébranlés sur leurs bases et que «sur les ruines, une vie nouvelle» ne fleurira pas. Peut-être le perfectionnement constant du cinéma permettra-t-il dans un proche avenir de représenter les œuvres maîtresses du théâtre lyrique avec les meilleurs chanteurs disponibles, sous la direction d'un metteur en scène vraiment compétent, et avec une préparation et une réalisation musicales convenables, et évidemment sans le moindre remaniement. Certes, ce ne sera jamais qu'un substitut, un art de conservation ; on ne peut en effet remplacer l'effet immédiat d'une représentation de bon niveau. [...] Cependant, en voyant l'«art» que l'on propose aux gens cultivés dans les opéras où l'on joue tous les soirs, je préférerais encore personnellement cette solution qui signerait l'arrêt de mort du fonctionnement actuel de l'opéra.[…]

Imaginons qu'un étranger se rende au célèbre opéra de X…, et que l'affiche annonce, mettons, *Tiefland* d'Albert. Le rideau se lève; l'orchestre, à l'effectif médiocre (huit à dix premiers violons, six ou sept seconds violons, cinq altos, quatre violoncelles et trois contrebasses, ou moins encore – un groupe de cordes bien trop faible pour pouvoir rivaliser avec les cuivres blindés et les bruyantes timbales), joue la musique douteuse avec routine et indifférence, sous la direction d'un chef d'orchestre tout aussi routinier et indifférent. La précision du lien avec l'action scénique laisse à désirer presque à chaque mesure. Tout l'aspect musical est traité superficiellement, tout est «approximatif». [...]

Le rôle principal de l'opéra est tenu par une grosse dame à poitrine opulente, qui laisse voir immédiatement que sa culture ne dépasse pas le niveau de celle d'une cuisinière. Mis à part quelques beaux sons, elle n'a aucun talent lyrique, et son manque de musicalité la contraint à tenir les yeux fixés sur le chef d'orchestre, à marquer la mesure du bras et du pied et à s'approcher du trou du souffleur dans les passages difficiles. Quant à son partenaire, le ténor, fort laid au demeurant, il présente l'avantage exceptionnel de posséder une certaine musicalité. Mais il en annule tous les effets en étant incapable d'émettre les beaux sons qui échappaient de temps à autre à la prima donna. Il n'a pas besoin de regarder le chef d'orchestre ni de demander des «passes» au souffleur. Du reste, il bouge aussi peu que possible. Possédant une mémoire «visuelle», il feuillette en esprit les pages de son arrangement pour piano, tout en se

dirigeant nonchalamment vers la cantatrice; son attitude offre un contraste fâcheux avec la musique, dont l'allure est très mouvementée. [...] Sebastiano, le seigneur, ressemble à un importateur; il est vrai que lorsqu'on connaît mieux sa situation, on sait que de telles préoccupations annexes l'intéressent bien plus que le chant. Il passe pour posséder une grande voix, et se croit obligé de souligner cette qualité en braillant épouvantablement durant toute la soirée, sans tenir aucun compte des prescriptions et des lois de la dynamique musicale. Comme il doit jouer le rôle du méchant, il accompagne son «chant» d'attitudes passionnées. On remarque immédiatement que ce n'est qu'un déguisement. Lorsqu'il est à bout de voix, et que l'œuvre l'oblige à rester encore en scène, il se dirige vers un coin sombre où, dos au public, il tente de se remettre de ses efforts en se mouchant bruyamment. Il répond par des haussements d'épaules aux signes du metteur en scène qui, depuis les coulisses, lui jette des regards furieux et lui enjoint par gestes de se rendre immédiatement auprès de Martha. [...]

Ce genre de représentations, qui offrent un plaisir artistique si douteux, ne sont pas des exceptions, mais une règle générale. On ne s'en étonnera pas si l'on considère que les grands Opéras mettent leur point d'honneur à proposer un répertoire aussi vaste que possible; c'est ainsi par exemple que de mon temps, à l'Opéra National de Dresde, le programme de certaines saisons comptait jusqu'à soixante-dix opéras différents. Pour diverses raisons que nous n'allons pas exposer en détail ici, mais essentiellement parce que l'on croyait obtenir un meilleur résultat financier avec un répertoire varié, on attachait bien plus d'importance au «quoi», c'est-à-dire à la quantité, qu'au «comment», à la qualité. Il est vrai qu'il est surprenant de voir tout ce qu'on peut imposer au public sans rencontrer d'opposition immédiate. Par une foi aveugle en l'autorité, et par habitude, on accepte que se perpétue pendant un certain temps une situation de fait. Mais cela ne peut durer éternellement. Aussi le théâtre de répertoire doit-il se préparer à mourir. [...]

F Busch, *Der Dirigent,* 1940,
Atlantis Verlag, 1961

En guise d'épilogue, citons le témoignage de Herbert von Karajan. Quand, à l'invitation de Bruno Walter, il fit ses débuts à l'Opéra de Vienne en 1937 dans Tristan et Isolde, *c'est à peine s'il eut droit à une répétition; et il faillit bien ne pas diriger du tout, tant il était scandalisé par les conditions de travail régnant dans ce temple de l'art lyrique. Elles étaient à peu près inchangées en 1956, lorsque Karajan en prit la direction. Après huit années de combat quotidien, il partit en claquant la porte en 1964.*

Sans aucun doute, je n'accepterai plus jamais la direction d'un Opéra, dira-t-il, car le système dit de l'opéra de répertoire rend la qualité toujours plus problématique. Mes années viennoises me l'ont prouvé. [...] Un opéra de répertoire est pour moi une chose détestable; c'est pourquoi j'ai dit : ça n'a plus de sens.

Cité par R.- C. Bachmann,
A l'écoute des interprètes.
Payot, Lausanne, 1977

Trois ans plus tard, en 1967, Karajan fondait son propre festival de Salzbourg (à Pâques) dont il était le maître absolu et où il ne donnait chaque fois qu'un ou deux opéras et deux ou trois concerts.

Répétitions

Diriger, c'est d'abord répéter, transformer l'anarchie latente de l'orchestre en harmonie. Là se mesurent la compétence du chef et son autorité.

«Une obéissance pleine de murmures»

«Notre pouvoir repose sur une base qui manque aux plus hautes institutions de la région politique : la nécessité», déclarait «l'honorable M. K… », le chef d'orchestre des Français peints par eux-mêmes. *Et pourtant, aussi nécessaire qu'il soit – pour cette raison même, peut-être –, ce pouvoir n'en est pas moins en butte à de fatigantes oppositions : celle du compositeur, parfois, qui s'estime incompris ou trahi ; celle, incessante, des musiciens, animés d'une «hostilité instinctive» à l'égard de leur chef, et que travaille un esprit de sourde rébellion. Etudes préparatoires et répétitions sont le champ clos de leurs affrontements :*

Toutes choses humaines, reprit M. K…, ont un revers. L'existence du chef d'orchestre a le sien. Cette existence se divise en deux phases distinctes : la *répétition*, la *représentation*. Je viens de vous montrer les joies divines de celle-ci, parlons un peu des embarras, des épreuves de la première. La répétition est précédée pour le chef d'orchestre d'une étude particulière et réfléchie de la partition qu'il doit mettre au jour. Cette étude, si l'auteur est vivant et présent, se fait sous ses auspices et devient souvent le texte de fort épineuses discussions, où ces deux amours-propres également irritables ne peuvent manquer de se heurter. La présence de l'auteur à la répétition est généralement considérée par le chef d'orchestre comme une éventualité d'hostilités. La limite de leurs droits respectifs n'étant pas réglée, il arrivera infailliblement, en effet, que des usurpations auront lieu, et que ces empiétements mutuels sur une autorité mal définie amèneront les plus vives récriminations. […]

Trop heureux, le chef d'orchestre, s'il

n'avait à subir que les inconvénients de cet antagonisme avec l'auteur; mais il a une autre lutte bien autrement grave à soutenir contre ses propres symphonistes, quelque sévère que soit le code disciplinaire qu'il peut appliquer au besoin. D'abord, nous avons à combattre autant de prétentions, autant de vindicatives susceptibilités que nous comptons d'artistes dans notre orchestre; mais c'est surtout dans les solistes et les chefs d'attaque que notre autorité éprouve la plus vive résistance. Là, nos admonitions rencontrent ou une opposition formelle ou une obéissance pleine de murmures, de restrictions, et de demi-mots amers à l'endroit de notre compétence. Du reste, comme dans toutes les institutions basées sur le principe d'autorité, l'orchestre est assez souvent à l'état d'hostilité envers son chef, et les exemples d'un constant accord entre le pouvoir et les subordonnés, dans cette espèce de microcosme politique, deviennent de plus en plus rares. Chacun se réfugie dans le sentiment exagéré de sa valeur, comme dans un asile inviolable; aussi notre juste sévérité est-elle traitée de tracasserie, de mauvais vouloir ou de tyrannique exigence. Si l'on veut bien admettre en principe notre aptitude aux fonctions dont nous sommes investis, on nous soumet, en revanche, à une critique de détails qui ne nous fera grâce d'aucune erreur, d'aucune distraction.

Les Français peints par eux-mêmes,
1841, *op. cit.*

Vu de l'orchestre

Face au chef sur l'estrade : une centaine de musiciens qui le jugent à son premier geste, à son premier mot – et même avant, si l'on en croit cet avertissement de Franz Strauss, le père de Richard, qui fut un corniste réputé : «Rappelez-vous ceci, vous autres chefs d'orchestre : nous vous regardons monter au pupitre, ouvrir votre partition. Avant que vous preniez la baguette, nous savons déjà si, le maître, c'est vous ou nous.»

Rares sont, malheureusement, les témoignages de musiciens d'orchestre sur leur vie quotidienne, et sur les chefs qu'ils ont pu observer. Il en existe cependant un en français : L'Orchestre nu *de François Dupin, timbalier à l'Orchestre de Paris. Outre des pages amusantes sur quelques – anonymes – «baguettomanes incompétents», il contient une description savoureuse et réaliste de répétitions, que voici.*

Le chef arrive. S'il est de taille, on s'assied dans un silence relatif. Le hautbois donne le *la* aux cordes, aux bois et aux cuivres, dans cet ordre ou dans l'autre. Si le chef est secondaire, l'accord se fait dans le tumulte et ne sert pas à grand-chose. Alors on recommence un quart d'heure après. Reprendre l'accord est d'ailleurs toujours nécessaire car les instruments se modifient, en chauffant. Le timbalier rouspète, parce qu'à la fin du service ou du concert, l'orchestre a «monté».

Le chef lève la main et obtient le silence dans un laps de temps inversement proportionnel à l'impression qu'il a produite sur les musiciens. On commence la lecture d'une œuvre que l'on n'a pas jouée depuis longtemps. [...] Ça va.

Mais ceux qui ont peu à jouer, après un quart d'heure d'immobilité, commencent à se pencher l'un vers l'autre. «Tu as passé de bonnes vacances? – Moui! Pas terrible. Un temps! – Tu as déjà repris tes cours? – Lentement. Tu sais, les gosses ne savent pas encore ce qu'ils vont faire. Ils ne connaissent pas bien leurs horaires de classe.» Le chef fait une courte pause dans le texte musical et continue. «Il a la manie des arrêts. Comme dans la *Fantastique.* C'est dangereux quand ce n'est pas naturel. – Oui, peut-être. Moi, ça ne me gêne pas. – Peut-être, mais il ne faut pas abuser. – Tiens, attention. Ça va être à nous. Ecoute les claribolles!» Les anches montent aux lèvres, le chef regarde les têtes et les bavards jouent quelques mesures. [...]

A la percussion, le timbalier se sent seul derrière son comptoir. Il vient souvent faire ses commentaires à ceux qui sont assis derrière la grosse caisse. Mais là-haut, les conversations s'entendent moins. «Voilà un soliste de cors! Il n'a pas peur, il attaque, il s'impose. Et le mieux, c'est qu'il déteint sur les autres. Vous entendez ça?» Mais l'un des trois de la batterie doit jouer. Il s'agite entre le triangle, le glockenspiel et le fouet, passant à toute vitesse de l'un à l'autre. Le timbalier et les deux autres assistent calmement à ce remue-ménage et regardent le collègue en souriant. «Au fond, il était fait pour un autre métier! – ? – Non. C'est pas ça que je voulais dire. Il est fantastique dans celui-là. Mais ça semble tellement l'éprouver. Ça a l'air dur! – Au fond, il n'était fait que pour un seul métier, la sieste.»

Celui qui joue, très bien d'ailleurs, s'inquiète du conciliabule qu'il n'entend pas. Il regarde avec vivacité le chef, la partie, ses instruments et jette à ses voisins inactifs des regards anxieux. [...]

14 h 30 – Seconde répétition. Si le chef est malin, il travaille un mouvement agité, car l'orchestre, qui digère, pourrait s'endormir. Mais c'est une arme à double tranchant. Car, s'il ne s'endort pas, il parle! Plus que le matin. Et ne réagit plus aussi vite. Aux arrêts, on discute avec sans-gêne, à voix plus haute, avec une parfaite inconscience. Le chef tape sur son pupitre. «Non, messieurs. Je n'ai pas envie de parler contre vous. Ecoutez-moi!» Le calme revient. La minute suivante, on reprend. Le chef fait jouer, parle peu, n'attend pas que tous aient repéré la lettre où l'on reprend. Peu à peu, cependant, les esprits s'apaisent et

l'on retrouve l'ambiance du travail. [...]

L'orchestre essaie d'être sage, plein de vraie bonne volonté. Tout le monde s'avachit. Les cordes, elles, jouent toujours, c'est plus facile! «Et elles s'en plaignent!»

«Les violoncelles, s'il vous plaît, sans presser.» On joue. Le chef est calme et avance. L'orchestre est tranquille et se concentre. Les résultats sont excellents. La sieste est terminée, la digestion s'achève. Pour le moment, les musiciens ne pensent pas tellement au concert, excepté les solistes qui sont déjà sur le pied de guerre...»

François Dupin, *L'Orchestre nu,*
Hachette, 1981

Première répétition avec Toscanini

Les répétitions de Toscanini, dont le disque a conservé quelques échos, sont demeurées célèbres, en raison des colères foudroyantes auxquelles était sujet l'irascible maestro. Mais elles étaient moins fréquentes que ne le veut la légende. C'est dans le calme et la plus intense concentration que se déroula, en décembre 1937, sa première répétition avec l'orchestre NBC qui, avant de lui être confié, avait travaillé quelques semaines avec Rodzinski et Pierre Monteux. Voici le commencement de cette répétition, décrit par Samuel Antek, un des violonistes de l'orchestre.

Par une porte située à droite de la scène apparut un petit homme râblé. Je remarquai tout d'abord la couronne de

cheveux blancs et le visage impassible, carré, moustachu, aux pommettes hautes. Il portait une austère redingote d'alpaga noir au col ecclésiastique, un strict pantalon rayé et des escarpins pointus…

Quand il monta sur le podium, nous nous levâmes suivant un signal convenu d'avance… Il nous embrassa des yeux, apparemment désorienté par notre geste, esquissa des deux mains un vague salut, son pâle visage un instant illuminé d'un sourire mécanique. Légèrement embarrassés, nous nous rassîmes. Alors, d'une grosse voix enrouée, il jeta : «Brahms!» Une seconde il nous perça du regard, puis leva les bras. En un coup fulgurant, la baguette s'abattit…

A mesure que, comme des coups au cœur, les timbales martelaient le début de la *Première Symphonie* de Brahms, la battue se fit plus puissamment insistante; les épaules tendues, arc-boutées, semblaient lutter contre une bourrasque en furie. Le bras gauche déployé battait l'air convulsivement, les doigts recourbés imploraient… Le visage se congestionna, muscles serrés, yeux et sourcils constamment en mouvement.

Tandis qu'avec mes camarades violonistes, j'arrachais de l'archet contre les cordes, je me sentis comme entraîné dans un violent tourbillon sonore – qui aspirait et forçait à s'exprimer toutes mes réserves d'énergie et de technique. Je sentais plus que je n'entendais, et sans presque y croire, les sons inconnus autour de moi. Etait-ce la même musique que nous travaillions depuis des jours avec tant d'application?… Avec quelle joie nouvelle et féroce nous jouions !

Samuel Antek,
This was Toscanini,
The Vanguard Press, New York, 1963

Quelques conseils pratiques

Comment devient-on chef d'orchestre? « On monte sur l'estrade : ou bien on sait, ou bien on ne saura jamais », disait Hans Richter. En dépit des classes et des concours, il n'est pas sûr que la direction d'orchestre s'enseigne. Quelques conseils pratiques ne sont cependant pas superflus, surtout lorsqu'ils viennent de chefs aussi expérimentés que Richard Strauss et Pierre Monteux.

Dix commandements inscrits dans le livre d'or d'un jeune chef d'orchestre

1. Souviens-toi que tu ne fais pas de la musique pour ton plaisir, mais pour celui de tes auditeurs.

2. Ne transpire pas en dirigeant, seul le public a le droit de s'échauffer.

3. Dirige *Salomé* et *Elektra* comme s'ils étaient de Mendelssohn : de la musique de fées.

4. N'encourage pas les cuivres du regard, mais donne-leur les entrées les plus importantes sans y toucher, d'un clignement d'œil.

5. Par contre, ne quitte pas des yeux les cors et les bois : si tu les perçois, c'est qu'ils sont déjà trop forts.

6. Lorsque tu crois que les cuivres ne jouent pas assez fort, il faut encore les réfréner.

7. Il ne suffit pas que tu entendes toi-même chaque mot du livret, que tu sais par cœur, il faut qu'il soit compris sans peine du public. Si celui-ci n'entend rien, il ronfle.

8. Accompagne le chanteur toujours de telle sorte qu'il puisse chanter sans effort.

9. Lorsque tu penses avoir atteint le prestissimo le plus inouï, reprends le mouvement encore une fois aussi vite*.

10. Si tu te souviens de tous ces conseils amicaux, tu seras toujours, grâce à tes dons indéniables et à ton talent, l'idole de tes auditeurs.

[1925]
Richard Strauss,
Anecdotes et souvenirs, 1952

*Aujourd'hui j'aimerais ajouter ceci : Prends le mouvement deux fois plus lentement (dédié aux interprètes de Mozart!) [1948]

Vingt règles à l'usage des jeunes chefs d'orchestre

Huit commandements

1. Tenez-vous droit, même si vous êtes grand.

2. Ne vous penchez jamais, même pour un *pianissimo;* l'effet, par derrière, est trop évident.

3. Soyez toujours digne, dès votre entrée sur scène.

4. Dirigez toujours avec une baguette, afin que les musiciens éloignés de vous perçoivent votre battue.

5. Connaissez parfaitement la partition.

6. Ne dirigez jamais pour le public.

7. Marquez toujours très nettement le premier temps de chaque mesure, afin que les musiciens qui ne jouent pas, et qui comptent les mesures, sachent exactement où vous en êtes.

8. Dans une mesure à deux temps, battez toujours le second plus haut que le premier. Dans une mesure à quatre temps, battez toujours plus haut le quatrième.

Douze recommandations

1. Ne «surdirigez» pas; ne faites pas de gestes inutiles.

2. N'oubliez pas que vous faites de la musique; ne laissez pas la musique stagner. Ne négligez aucune phrase, ni le rôle qu'elle joue dans l'ensemble de l'œuvre.

3. Ne suivez pas mécaniquement les indications métronomiques — variez le tempo en fonction du sujet ou de la phrase, et donnez à chacun son caractère propre.

4. Ne laissez pas l'orchestre s'installer dans un ennuyeux *mezzo forte.*

5. Ne dirigez pas sans baguette; ne vous penchez pas en dirigeant.

6. Ne dirigez pas les instrumentistes dans leurs passages solo; n'ennuyez pas les musiciens en les fixant pendant des passages délicats.

7. N'oubliez pas d'indiquer leurs entrées aux musiciens après de longues pauses, même si leur partie semble ne jouer qu'un rôle secondaire.

8. Ne dirigez pas une œuvre si vous ne la maîtrisez pas; n'apprenez pas une partition «sur le dos de l'orchestre».

9. N'arrêtez pas l'orchestre si vous n'avez rien à dire; ne lui parlez pas trop doucement, ou ne vous adressez pas seulement aux premiers pupitres.

10. Ne vous arrêtez pas pour des fausses notes manifestement accidentelles.

11. Ne battez pas la mesure au détriment de l'ensemble – ne retenez pas des sections de l'orchestre dans des passages techniques où il faut aller de l'avant.

12. Ne manquez pas de respect aux musiciens (ne jurez pas) n'oubliez pas que ce sont des personnes qui ont des droits; ne sous-estimez pas les membres de l'orchestre sous prétexte qu'il ne s'agit que de «rouages».

Pierre Monteux, extrait de Doris Monteux, *It's all in the Music, The Life and Work of Pierre Monteux,* William Kimber, Londres, 1966

BIBLIOGRAPHIE

Ansermet Ernest et Piguet, Jean-Claude *Entretiens sur la musique,* A la Baconnière, Neuchâtel, 1963, 186 p.

Boulez, Pierre *Conversations sur la direction d'orchestre* avec Jean Vermeil, Editions Plume, Paris, 1989, 214 p.

Carse, Adam, *The Orchestra from Beethoven to Berlioz,* W. Heffer and Sons Ltd. Cambridge, 1948, 514 p.

Dupin, François *L'Orchestre nu,* Hachette, 1981, 285 p.

Furtwängler, Wilhelm *Musique et verbe,* Hachette, collection «Pluriel», 1979, 413 p.

Galkin, W. Elliott, *A History of Orchestral Conducting in Theory and Practice,* Pendragon Press, New York, 1988, 83 p.

Gefen, Gérard *Furtwängler,* Une biographie par le disque, Belfond, 1986, 222 p.

Goldbeck,Fred *Le Parfait Chef d'Orchestre,* Un essai sur l'art de diriger, Presses Universitaires de France, 1952, 184 p.

Holmes, L. John. *Conductors on Record,* Victor Gollancz, London, 1982, 734 p.

Inghelbrecht, D. E. *Le Chef d'orchestre parle au public,* Julliard, 1957, 227 p.

Klemperer, Otto *Ecrits et entretiens,* Hachette, collection «Pluriel», 1985, 351 p.

L'Art du chef d'orchestre, Un choix de textes de Hector Berlioz, Richard Wagner, Felix Weingartner, Bruno Walter, Charles Munch, présentés et commentés par Georges Liébert, Hachette, collection «Pluriel», 1988, 885 p.

L'Orchestre, des rites et des dieux, n° 99 de la revue *Autrement,* mai 1988, 234 p.

L'Orchestre, n° 7 de Musical, Revue du théâtre musical de Paris-Châtelet, 1988, 127 p.
Leibowitz, René , Le Compositeur et son double, Essais sur l'interprétation musicale, Gallimard, «Bibliothèque des Idées», 1971, 500 p.

Markevitch, Igor *Point d'orgue,* Entretiens avec Claude Rostand, Julliard, 1959, 195 p.

Pâris, Alain *Dictionnaire des Interprètes et de l'interprétation musicale,* Editions Robert Laffont, «Bouquins», édition révisée 1989, 1112 p.

Sachs, Harvey, *Toscanini,* traduction française, Francis Van de Velde, 1980, 388 p.

Shonberg, C. Harold *The Great Conductors,* Victor Gollancz, London, 1973, 384 p.

Strauss, Richard *Anecdotes et Souvenirs,* traduction française, Editions du Cervin, Lausanne, 1951, 123 p.

Thärichen, Werner *Furtwängler ou Karajan,* traduction française, Editions Bernard Coutaz, 1990, 159 p.

Vaughan, Roger *Karajan,* traduction française, Belfond, 1988, 339 p.

Walter, Bruno *Gustav Mahler,* avec une préface de P. Boulez, Hachette, collection «Pluriel», 1989, 284 p.

Walter, Bruno *Thèmes et variations,* Souvenirs et réflexions (1946), traduit de l'allemand par A. Tanner, Editions Maurice et Pierre Fœtisch, Lausanne, s. d., 373 p.

TABLES DES ILLUSTRATIONS

COUVERTURE

OUVERTURE

CHAPITRE I

CHAPITRE II

CHAPITRE III

CHAPITRE IV

CHAPITRE V

CHAPITRE VI

Arts Florissants, dirigé par William Christie, pendant une représentation du *Malade Imaginaire*, avril 1990.
123 Lorin Maazel, *A conductor of passion and compassion*, photographie et texte ayant servi à la campagne de publicité anglaise des Montres Rolex.
124g Giulini conduit l'Orchestre Philharmonique au Kingsway Hall en 1963 pour l'enregistrement EMI du *Requiem* de Verdi.
124d Carlo Maria Giulini, vers 1981.
124/125 Scènes extraites de *Prova d'orchestra*, film de Fellini.
126 Rome, le 8 juillet 1990, concert donné en l'honneur du Mundial, et dirigé par Zubin Mehta.
127h Zubin Mehta dirige des pingouins, photographie par Afia Mehta le 28 juin 1987.
127b Karajan dirigeant avec une baguette lumineuse, photographie.
128 Montage de photos de Herbert von Karajan, publié dans *Signal*, octobre 1943.

TÉMOIGNAGES ET DOCUMENTS

129 Quatorze poses dans l'art moderne de diriger, par Schliessmann, 1906.
130 Hans von Bülow, silhouette de Hans Böhler.
131 «Souvenir du grand festival des orphéonistes» (détail), lithographie de Daumier parue dans le *Charivari* le 2 avril 1859, Paris, Bibl. nat.
132 Joseph Szigeti, violoniste hongrois, en 1920.
133 Otto Klemperer dans la fosse de l'Opéra de Strasbourg en 1915.
134 Messager par L. Borgex, 1911, Paris, Bibl. nat.
135 Le Chef d'orchestre, peinture de Viktor Tcvetkov, 1978.
136 Carl Schuricht
138 «M. Berlioz donnant prochainement un concert européen en battant la mesure avec un poteau du télégraphe électrique», vignette de Cham, parue dans *le Charivari* en décembre 1855, Paris, Bibl. nat.
139 Scène extraite de *Prova d'orchestra,* film de Fellini.
140 *Richard Wagner,* portrait par Renoir, Paris Bibl. nat. Opéra.
142 Wagner tenant dans sa main le critique musical Hanslick, silhouette de Otto Böhler.
143 «M. Wagner prenant le parti de faire exécuter la musique de l'avenir par des musiciens également de l'avenir», lithographie de Cham, Paris, Archives Cauboué.
145 Affiche pour Lohengrin de Wagner, dessin de G. Rochegrosse reproduite en phototypie.
146 Joseph Strauss, silhouette anonyme
147 Félix Weingartner, photographie de Bieber reproduite en carte postale.
148 Richard Strauss, dessin par Eduard Grützner vers 1894, Munich, Stadtmuseum.
149 Willy et Colette au Cirque d'Eté, dessin de José Engel, dit Willy.
150 Arthur Nikisch.
151 Willem Mengelberg.
152 *Revue au Théâtre des Variétés,* peinture de Jean Béraud, vers 1855, Paris, musée des Arts décoratifs.
153 «Le danseur qui se pique d'avoir conservé les belles traditions de Vestris» (détail), lithographie de Daumier, Paris, Bibl. nat.
154 Karl Böhm.
155 *Symphonie*, peinture d'après Schenek, Paris, Bibl. nat.
156 «L'orchestre pendant qu'on joue une tragédie», lithographie de Daumier, Paris, Bibl. nat.
157 Salle de l'Académie impériale de Musique pendant une représentation du *Prophète* (détail), Paris, Bibl. nat.
159 Arturo Toscanini.
160 *Prelude to the symphony,* peinture de Georges Schreiber, Paris, Bibl. nat.
162 Sir Adrian Boult
163 Arturo Toscanini en 1936.
164 Richard Strauss.
172 Pierre Monteux.

INDEX

A

B

Dessin de GUSTAVE DORÉ,

Gravé par DUMONT.

Un concert de la Société phitharmonique au Jardin-d'Hiver.

N–O

P

Q–R

S

T

V-W

CRÉDITS PHOTOGRAPHIQUES

Archiv für Kunst und Geschichte, Berlin Couv. 4e plat, 1, 4, 5, 7, 9, 10, 15, 18h, 21, 36b, 41b, 48, 73, 75h, 77h, 78h, 91, 96h, 97, 98h, 98bg, 98bd, 101h, 104, 142, 148. Artephot-A.D.P.C. 143. Artephot-Nimatallah 17. Artephot-Ohana 18b. Artephot-Trela 34, 41h, 82. Artothek-J. Blauel Peissenberg. 26b, 88/89. Auerbach, Londres 64b. Bernand, Paris 112hg. Bettmann Archive, New York 37b, 47, 51, 54b, 62b, 94/95, 99, 105h, 108b, 109b, 130, 132, 151, 163 Bibl. nat., Paris Couv. 1er plat, 6, 13h, 14, 20, 25h, 26h, 35h, 35b, 37h, 38, 39h, 39b, 40, 42hd, 45bg, 46, 53b, 56, 57, 59, 60g, 76b, 131, 134, 138, 140, 153, 155, 156, 157, 160. Bildarchiv preussischer Kulturbesitz, Berlin 74, 37d, 75b. Boston Symphony Orchestra 78b, 105b, 150. Cahiers du Cinéma 23. Jean-Loup Charmet 12/13b, 76h, 24h, 30, 33, 51, 60h, 77b, 79, 80, 83, 94b, 128.Chicago Symphony Orchestra 68b, 69h. Cinémathèque française, Paris 43, 124/125, 139. Collection librairie de la Fontaine, Paris 45h. Collection Sirot-Angel, Paris 115, 147, 123. Droits Réservés 3, 16, 27, 42hg, 42b, 44, 45bd, 49, 50, 53h, 54g, 55, 61h, 61b, 64h, 67 b, 69b, 72, 81, 92, 95b, 103b, 112b, 117bd, 118b, 129, 136, 145, 146, 149, 154, 159, 162, 164, 165. Dagli-Orti, Paris 31, 114. Deutsch-Paris Match, Paris 127b. EMI 66b. EMI et Macdomnic, Stanmore, Middlesex 119. Etude Rabourdin et Choppin de Janvry, Paris 84, 135. Explorer, Paris 90. Magnum-Eve-Arnold, Paris 106h. Fondation Ernest Ansermet, Lausanne 70b, 70h. Giraudon 29. Halle Concert Society, Manchester 63. Keystone, Paris 66h, 96b, 103h, 106b, 117hg, 118h. Klemperer Lotte 100/1101, 133. Kipa, Paris 110b. Kipa- Pimentel, Paris 107. L'Illustration-Sygma 19. Lauros-Giraudon Dos de couv, 12h, 28h, 86/87, 152. Macdomnic, Stanmore, Midddlesex 65, 71, 100, 109h, 113b, 113h, 124g. Magnum-Elliot Erwitt, Paris 117 hd. Magnum-Erich Lessing, Paris 108g, 111h, 111b. Malcolm Crowthers, Londres 120h, 120bg, 120bd, 124. Masson-Kipa 28b. National Portrait Gallery, Londres 62h. R.M.N. 24/25b, 52. RMN - © SPADEM 58. Roger-Viollet, Paris 32, 36h, 93h, 93b, 116. Sipa Icono, Paris 2, 22/23. Sipa Press, Paris 110h, 127h. Société des Montres Rolex, Paris 123. Sygma-A. Brucelle, Paris 117bg. Sygma-Bisson, Paris 112hd. Sygma-Origlia, Paris 126. Michel Szabo 121h. Walt Disney Company, Burbank, Californie 102.

COLLABORATEURS EXTÉRIEURS

Didier Chapelot a réalisé la maquette du corpus de cet ouvrage, Manne Héron celle de Témoignages et Documents. Odile Zimmerman a assuré la recherche et le suivi rédactionnel.

Table des matières